예수님과 한 달 살기

예수님과 한 달 살기

최상훈

규장

예수님과 한 달 살기 여정,
떠남보다 더 깊은 여행 속으로

우리는 왜 한 달 살기를 꿈꾸는가?

우리는 가끔 어딘가에서 한 달 살기를 꿈꿉니다. 잠시 일상에서 벗어나 쉼을 얻고, 다시 복귀할 힘을 충전받기 위해서입니다. 하지만 환경이 바뀐다고 삶의 문제가 저절로 풀리지는 않습니다. 참된 쉼은 어딘가에 있는 것이 아니라, 누군가 안에 있기 때문입니다.

예수 그리스도. 저에게는 그분과의 교제가 꼭 그렇습니다. 어린 시절부터 5~6시간씩 기도하며 자란 저에게, 예수님과의 시간은 늘 그런 시간이었습니다. 그것은 세상 어디에서도 맛볼 수 없는 진짜 즐거움이었고, 새로운 출발을 위한 가장 든든한 동력이었습니다.

마치 마음 맞는 친구와 커피 한 잔을 앞에 두고도 몇 시간씩 훌쩍 지나는 것처럼, 그저 함께 있는 것만으로 가장 편안한 쉼을 얻고, 다시 살아갈 힘이 채워집니다. 그분과 함께 걸을 때 우리의 일상은 떠남보다 더 깊은 여행이 됩니다. 이것이 우리가 그토록 찾던 진정한 '쉼'의 자리입니다.

예수님을 알아가는 기쁨의 여정

저는 예수님 안에서 충전 받는 즐거움을 더 많은 분들과 나누고 싶다는 소원을 갖게 되었습니다. 이 책은 예수님을 닮아가는 삶으로 당신을 초대하는 작은 여정입니다.

이제부터 30일간 하루에 한 챕터의 글을 묵상하며, 예수님의 마음과 성품, 그리고 그분의 삶 속에 담긴 기적과 말씀의 성취를 들여다보게 될 것입니다. 예수님이 어떤 분이신지 알아갈수록 그분의 능력과 성품은 어느새 우리 안에서도 자연스럽게 흐르기 시작합니다. 하나님의 아들이신 예수님의 삶은, 자녀인 우리에게도 이미 상속된 삶이기 때문입니다.

졸업, 취업, 이직, 결혼, 출산처럼 새로운 출발을 앞두고 있거나, 지쳐서 그냥 멈추고 싶은 순간에 이 책을 펼쳐보시기 바랍니다. 예수님과 함께 걷고, 예수님과 함께 차를 마시고, 예수님과 함께 밥을 먹고, 예수님과 함께 울고 웃으며 한 달을 살아보는 것입니다.

30일간 예수님의 그 사랑 안에 깊이 잠기다보면 막막한 걸음은 확신으로, 미지근한 마음은 사랑으로, 흔들리던 선택은 지혜로, 예수님과 함께한 진짜 쉼을 통해 다시 나아갈 새 힘을 얻게 될 것입니다. 어느새 그분이 내 안으로 들어오고, 그 경험이 삶을 바꾸는 새로운 변화의 시작이 될 것입니다.

'예수님과 한 달 살기', 그 설레는 여정으로 당신을 초대합니다. 앞으로의 한 달은 예수님과 온 마음을 나누는 시간이 될 것입니다.

일상을 발맞추어 걷다

이천 년 전, 예수님은 이 땅에 오셨습니다. 탄생부터 십자가와 부활에 이르기까지, 그 모든 걸음에 하나님의 뜻이 담겨 있었습니다. 그것은 과거의 위대한 사건으로만 머물러 있지 않습니다. 오늘을 살아가는 우리도 그렇게 살기를 바라시는 하나님의 마음입니다. 겨우 버텨내는 인생이 아니라, 이 땅을 다스리는 상속자의 삶으로 말입니다.

예수님은 저에게도 찾아오셨습니다. 어린 시절 텅 빈 예배당에서 예수님과 도란도란 대화를 나누며 동행이 시작되었습니다. 몇 시간이고 머물며 소소한 일상을 털어놓다보면, 곁에서 귀 기울여주시는 주님의 따뜻한 존재가 느껴졌습니다.

주님은 19년의 선교 사역과 목회 현장에서도 어디서나 늘 동행해주셨습니다. 칠흑 같은 어둠 속에서도, 극한의 추위 속에서도, 막막한 현실에서 가끔 혼자인 듯 느껴질 때면, 제 깊은 곳에서 들려오는 '내가 너를 안다', '내가 너를 사랑한다'는 음성으로 인해 세상이 줄 수 없는 온전한 쉼을 얻곤 했습니다.

예배의 자리를 넘어 일상까지 함께하기 원하시는 주님, 그분과 발맞추어 걷는 삶이야말로 진정한 쉼입니다. 성령님께서 지금 이 순간에도 우리 안에서 그 길을 함께 걸어주고 계십니다. 매일 말씀 앞에 머물고, 선포로 하루를 열며, 이 땅을 걸으셨던 예수님의 발걸음을 따라가보시기 바랍니다. 한 달의 동행이 일상 속에 자연스럽게 스며들어, 이후의 삶으로 이어지는 신앙 여정의 새로운 출발점이 되기를 기대합니다.

예수님과 눈을 맞추며 걷는 한 달, 그 설레는 첫걸음을 내디뎌 보십시오. 예수님이 우리와 발맞추어 걸어주실 것입니다. 바쁜 일상 속에서 문득 주님이 생각나고, 선택의 기로에서 지혜가 부어지는 기쁨의 동행이 이제 시작될 것입니다. 한 달 뒤, 당신의 새로운 마음을 기대합니다. 믿음의 새로운 계절은 이미 시작되었습니다.

최상훈

#2 회개와 용서

#1
정체성과 부르심

Day 1

세상에서 가장 존귀한 존재

권사님 댁에 맡겨진 날,
저는 고작 네 살이었습니다.
집에 먹을 것이 떨어지자
삼 형제 중 한 명을 다른 집에 보내야 했는데
첫째 형은 맏이라서 보낼 수 없었고
막내는 아직 갓난아기였습니다.
어쩔 수 없이 어머니는 둘째인 저를 보내기로 했고
저는 그렇게 유년 시절을 남의 품에서 자랐습니다.

어느덧 3, 4년이라는 시간이 지났고
어머니가 비로소 저를 데리러 오셨습니다.
그런데 권사님이 말했습니다.
"그동안 아이와 정이 많이 들었어요.
그냥 제가 입양하면 안 될까요?"
어머니의 얼굴이 하얗게 질렸습니다.
"안 됩니다. 절대 안 돼요!"
실랑이가 이어졌고, 몇 시간의 다툼 끝에
어머니는 저를 데리고 그 집을 나올 수 있었습니다.

집으로 돌아가는 길에 어머니는 가던 길을 멈추더니
저를 꼭 끌어안고는 그 자리에서 펑펑 우셨습니다.
제 어깨를 적시던 그 눈물을 아직도 기억합니다.

시간이 흘러 어느덧 세 아들의 아버지가 되어보니
아들을 빼앗길까봐 조마조마하셨던
어머니의 마음을 조금은 더 알 것 같습니다.
아들이 셋이나 있어도 한 명도 내주지 못하는 부모의 마음.
그런데 하나뿐인 아들을 기꺼이 내어주신 분이 계십니다.

당신의 아들의 생명을 내어주고
단 한 번도 그 선택을 후회하지 않으신 분,
우리 하나님 아버지입니다.

이 땅에서 넉넉하지 않은 인생인가요?
남들에 비해 부족해 보이나요?
어떤 모습이어도 괜찮습니다.
우리를 향하신 하나님의 사랑에는 조금도 흔들림이 없습니다.
우리를 위하신 예수님의 희생에는 조금도 후회가 없습니다.

우리는 하나님의 아들 예수님의 생명과 맞바꾼

세상에서 가장 존귀한 자입니다.

로마서 8장 32절

우리는 하나님의 독생자 예수님과 맞바꾼
세상에서 가장 존귀한 가치를 지닌 존재입니다.
나의 어떠함과 상관없이 흔들리지 않는 사랑 안에서
오늘을 가장 존귀하게 살아갑니다.

나는 사랑받는 존귀한 자입니다!

하나님 아버지,
나를 위해 예수님을 보내주시니 감사합니다.
나는 예수님의 생명과 맞바꾼 자입니다.
그러므로 나는 하나님의 사랑받는 자입니다.
어떤 상황과 환경 속에서도
하나님의 사랑받는 자의 정체성을 잊지 않게 하옵소서.
예수님 안에서 내가 얼마나 존귀한 자인지
더 깊이 깨달아가게 하옵소서.
예수님의 이름으로 기도합니다. 아멘.

Day 2

너는 나의 최상품이야!

한 통의 문자 끝자락에
꼭 제 이름을 남기곤 합니다.
「최상훈 목사」

처음 스마트폰을 산 후
문자에 익숙하지 않아 유독 오타가 잦았습니다.
하루는 급히 문자를 보내다가 그만
이렇게 보내고 말았습니다.
「최상품 목사」

제 이름을 쓰려다 잘못 보낸 민망한 오타였습니다.
뒤늦게 확인하고 서둘러 정정 문자를 보내려는데
그보다 먼저 답장이 왔습니다.
「네, 최상품 목사님. 감사합니다.」

상대방의 재치 있는 답장을 보며
무안해진 마음으로 헛웃음을 짓던 순간
제 마음 깊은 곳에서

주님이 이렇게 말씀하시는 것 같았습니다.
"맞아. 너는 나의 최상품이야. 나의 귀한 자녀야."

예수님이 세례받으시던 장면이 떠오릅니다.
그때에도 하늘에서는 이런 음성이 들렸습니다.
"이는 내 사랑하는 아들이요 내 기뻐하는 자라" 마 3:17
예수님이 공생애 첫발을 내딛기도 전에
하나님은 가장 먼저 정체성을 선포하셨습니다.
그리고 예수님을 우리에게 보내주심으로써
우리에게도 동일한 정체성을 선포해주십니다.
"너는 내가 사랑하는 자야. 너는 나의 기쁨이야."

때로는 그 사랑이 의아하기만 합니다.
무언가를 증명해야 할 것만 같고,
더 완벽해져야 사랑받을 것 같고,
온전치 못한 나의 연약함이 그저 부끄럽기만 합니다.
'나 같은 사람도 정말 기뻐하실까?'

그러나 그 사랑을 조금씩 알아갈수록 깨닫는 것이 있습니다.
하나님은 내가 잘할 때만 사랑하시는 것이 아니라
나라는 존재 자체를 사랑하신다는 것입니다.

나의 행위보다 먼저, 나의 자격보다 앞서,
하나님은 이미 나를 "내 사랑하는 자"라고 불러주셨습니다.
예수님을 통해 나는 하나님의 기쁨이 되었습니다.

오늘도 거울 앞에 섭니다.
부족한 모습이 보여도 이제는 압니다.
나는 하나님의 최상품이라는 것을.
"사랑하는 아들아, 사랑하는 딸아. 너는 내가 기뻐하는 자야."
이것이 하나님이 창세 전부터 써 내려온
우리의 진짜 이름입니다.

하늘로부터 소리가 있어 말씀하시되
이는 내 사랑하는 아들이요
내 기뻐하는 자라 하시니라
마태복음 3장 17절

우리의 연약함이나 행위와 상관없이,
하나님은 우리 존재 자체를 사랑하시며 기뻐하십니다.
의심의 여지 없이, 우리는 하나님이 기뻐하시는 자녀입니다.

나는 하나님이 기뻐하시는 자입니다!

하나님 아버지,
나를 하나님의 기쁨으로 여겨주시니 감사합니다.
나는 하나님이 기뻐하시는 자녀입니다.
예수님의 정체성이 곧 나의 정체성입니다.
이해되지 않아도, 믿어지지 않아도
나는 존재 자체로 하나님의 기쁨인 줄 믿습니다.
하나님의 시선으로 나를 바라보게 하옵소서.
예수님의 이름으로 기도합니다. 아멘.

Day 3

손끝으로 흘러간 기적

어떤 사랑은 말씀 한 문장으로 찾아오기도 합니다.
전도사 시절, 집안 형편이 어려운 중학생 아이가 있었습니다.
어느 날 아파트 단지 내 독서실에 들어갔다가
학교 친구들과 마주쳤습니다.
친구들의 시선은 차가웠습니다.
"네가 왜 여기 있어? 넌 여기 살지도 않잖아."
상처를 입고 돌아온 아이는
책상에 엎드려 한참을 울었습니다.

그러다 우연히 책상 한쪽에 놓인
말씀 노트가 눈에 들어왔습니다.
토씨 하나 놓치지 않으려고 빼곡히 받아 적은 메모 중
유독 눈에 띄는 문장이 있었습니다.
"하나님은 우리에게 '딸아, 안심하라'고 말씀하십니다.
세상에서 어떤 평가를 받고, 어떤 잣대를 들이밀어도
우리는 하나님의 사랑받는 자녀입니다."

아이는 그 자리에서 노트를 붙잡고 펑펑 울었습니다.

하나님께서 말씀 한 문장으로 아이를 찾아가
무너진 마음을 안아주신 것입니다.

혈루증 여인에게도 그 한마디가 필요했습니다.
손대는 것마다 부정하게 만든다고
아무에게도 다가갈 수 없었던
여인은 참으로 비참하고 외로운 인생이었습니다.

그러다가 예수님의 소문을 듣게 됩니다.
여인의 마음속에 간절한 소원이 피어납니다.
"그의 옷에만 손을 대어도 구원을 받으리라" 막 5:28
그리고 마침내 여인의 손끝이 예수님의 옷자락에 닿는 순간
오랜 병이 그 자리에서 나음을 입었습니다.
병 고침만 받은 것이 아닙니다.
예수님은 여인을 찾아내어 "딸"이라고 부르십니다.
부정하게 여기는 사람들의 시선이 아닌
하나님의 시선으로 바라보신 것입니다.

내가 손대는 일마다 안 되는 것 같고
가는 곳마다 실패하는 것 같은 때도 있습니다.
그런 우리를 위해 주님은

오늘도 말씀의 옷자락을 내어주십니다.
가장 따뜻한 음성으로 이렇게 말씀하십니다.

"딸아, 아들아, 안심하라.
너는 나의 사랑하는 자녀다."

예수께서 이르시되
딸아 네 믿음이 너를 구원하였으니 평안히 가라
네 병에서 놓여 건강할지어다
마가복음 5장 34절

예수님으로 인해 우리의 부정함은 사라지고
생명이 우리 안으로 흘러들어옵니다.
자녀의 신분이 회복되었고
우리가 손대는 모든 영역마다
구원의 역사가 이루어질 것입니다.

· 고백하기 ·

나는 하나님의 사랑받는 아들딸입니다!

· 기도하기 ·

하나님 아버지,
"안심하라" 하시는 하나님의 음성을
나의 것으로 받습니다.
예수님으로 인해 나는 구원받았습니다.
이제 나는 손대는 것마다 잘 되는
축복의 근원인 줄 믿습니다.
구원 안에 들어 있는 회복과 형통의 축복을
자녀로서 마음껏 누리게 하옵소서.
예수님의 이름으로 기도합니다. 아멘.

Day 4

너를 통과해야만 했던 이유

여름이면 설레는 마음으로 단기선교를 떠납니다.
매 순간 온 마음을 다해 사역에 임하다보면
밤에는 눕자마자 깊은 잠에 빠져듭니다.
캄보디아로 떠났던
어느 선교의 밤도 그랬습니다.
온종일 쏟아붓고 나니 마음은 기뻤지만,
몸은 조금 피곤했습니다.

이제 막 잠을 청하려고 하는데,
하나님께서 문득 기도하라는 마음을 주셨습니다.
'내일도 새벽부터 나가야 하는데…'
그래도 마음의 눌림이 계속되었고,
이내 몸을 일으켜 기도하기 시작했습니다.
30분쯤 지났을 때 하나님께서는
내일 만날 영혼에 대한 마음을 주셨습니다.
이름 모를 누군가를 향한 하나님의 마음이 느껴졌고
저는 간절함으로 기도했습니다.
"주님, 내일 주님이 원하시는 영혼을 만나게 하옵소서."

다음날, 차를 타고 이동하다가 신학교에 들르게 되었습니다.
그런데 그곳에서 청소하시는 아주머니 한 분을
만나게 되었습니다.
잠시 이야기를 나누다 그 분의 사정을 듣게 되었는데,
2주 전 사고로 자녀를 잃은 분이었습니다.
"아주머니, 제가 기도해드려도 될까요?"
그러자 그 분은 눈물을 글썽이며 말했습니다.
"오늘 아침 제 기도가 '하나님이 나를 사랑하시면,
누구라도 보내셔서 저를 위로해주세요'였어요."
그때야 비로소 이 영혼을 만나기 위해
하나님께서 나를 이곳에 부르셨다는 것을 깨달았습니다.

사마리아 우물가로 향하신 예수님의 발걸음도 그랬습니다.
여인과의 만남은 그저 우연이 아니었습니다.
인적이 드물었던 한낮의 우물가에서
여인은 예수님을 만나게 됩니다.
성경에서는 여인과 예수님의 만남을 이렇게 표현합니다.
"사마리아를 통과하여야 하겠는지라" 요 4:4

유대를 떠나 갈릴리로 가는 더 빠른 길도 있었습니다.
그럼에도 사마리아를 통과해야만 했던 이유는 단 하나,

사마리아 여인 한 사람을 만나야만 했기 때문입니다.
여인은 예수님보다 마실 물에 관심이 있었지만
예수님은 여인에게 영원히 목마르지 않을 생수를 주셨습니다.

예수님은 오늘 우리에게도 다가오십니다.
빠른 길을 두고 굳이 우리 삶의 현장을 통과하러 오십니다.
한 사람을 향한 '세밀한 음성'으로,
결코 떠나지 않을 '임마누엘의 사랑'으로 오십니다.
"내가 너를 통과하여야 하겠다. 내가 너를 만나기 원한다."
지금 우리가 서 있는 굽이진 길 위에는
우리를 통과해야만 하는 예수님이 기다리고 있습니다.

내가 주는 물을 마시는 자는 영원히 목마르지 아니하리니
내가 주는 물은 그 속에서 영생하도록 솟아나는 샘물이 되리라
요한복음 4장 14절

예수님이 사마리아를 통과해야만 했던 것처럼
주님은 '나', 한 사람을 만나기 위해
우리 마음 가운데 찾아오셨습니다.
영원히 목마르지 않을 생명의 주님이 내 안에 계십니다.

예수님이 찾아오신 한 사람이 바로 나입니다!

─────── · **기도하기** · ───────

하나님 아버지,
먼 길을 돌아 사마리아를 찾아오신 것처럼
나 한 사람을 찾아오시고 내 마음속에 들어와주시니 감사합니다.
이 시간 내가 들고 있던 물동이를 내려놓고
영원한 생수 되신 예수님을 환영합니다.
내 안에 계신 주님과 동행하는 하루 되게 하옵소서.
예수님의 이름으로 기도합니다. 아멘.

단 한 사람을 위한 예배

하나님은 때론 한 영혼을 위해,

여섯 번의 예배를 드리게 하십니다.

알래스카 교회를 섬기던 어느 날,

주일 아침 7시 30분 예배를 새로 만들라는 감동이 있었습니다.

평소보다 한 시간 일찍 나와야 했지만

순종하는 마음으로 일찍 교회 문을 열었습니다.

첫째 주, 예배당 자리는 텅 비어 있었습니다.

저와 반주자, 부사역자, 이렇게 셋이서 예배를 드렸습니다.

둘째 주도, 셋째 주도, 오로지 셋뿐이었습니다.

그런데 여섯째 주가 되던 날, 한 분이 오셨습니다.

나중에 알게 된 사실은,

이분은 인간관계 문제로 깊은 상처를 받고

사람 없는 예배를 찾다가 이곳으로 오게 된 것이었습니다.

조용히 예배를 드리고 가시던 성도님은

한 달 후에는 부인과 함께,

다시 한 달 후에는 딸까지 함께 예배를 드리게 되었습니다.

예배를 거듭할수록 성도님의 표정은 눈에 띄게 밝아졌습니다.

아무도 없는 여섯 번의 예배는
상처받은 한 영혼을 향한 하나님의 부르심이었던 것입니다.

38년 된 병자도 그랬습니다.
오래전부터 베데스다 연못가에 앉아 있던 그에게
예수님이 다가가 물으십니다.
"네가 낫고자 하느냐" 요 5:6
그러나 그는 구원자 예수님을 보고도 변명부터 늘어놓습니다.
"저를 도와주는 사람이 없어
다른 사람이 먼저 물에 들어갑니다."

주님은 그가 거기 있는 것을 이미 아셨습니다.
오랜 세월, 기다리다 못해 지쳐 있는 마음을 보시고
그에게 능력을 선포하십니다.
"일어나 네 자리를 들고 걸어가라" 요 5:8
이 말씀은 무거운 짐을 진 채
억지로 일어나라는 강요가 아닙니다.
이제는 절망의 자리에 매여 있지 않아도 된다는
주님이 일으켜주시는 사랑의 초대입니다.

좌절과 실패의 자리, 자신을 비관하는 그 자리에서
주님의 손을 잡고 한 걸음 떼기만 하면 됩니다.

38년을 기다린 베데스다 연못가처럼
오늘 우리가 주저앉아 있는 자리에도 예수님이 와 계십니다.
무거운 짐 그대로, 상처 난 마음 그대로
십자가 앞에 나아오십시오.
단 한 사람을 위한 예배를 준비하시는 사랑의 주님은
지금도 우리의 한 걸음을 기다리고 계십니다.

예수께서 이르시되 일어나 네 자리를 들고 걸어가라 하시니
그 사람이 곧 나아서 자리를 들고 걸어가니라
이 날은 안식일이니
요한복음 5장 8-9절

앞길이 막막해 주저앉은 우리를 향해 예수님은
"일어나 네 자리를 들고 걸어가라"고 말씀하시며
우리를 일으켜주십니다.
38년 된 병자를 찾아오신 주님은
오늘도 우리의 지친 마음을 아시고 생명으로 인도하십니다.

말씀이신 주님을 의지하여 나는 일어섭니다!

하나님 아버지,
내가 여기 있는 것을 아시고
나 한 사람을 찾아와주시니 감사합니다.
내가 낫기를 원합니다.
내가 주님 보기를 원합니다.
주의 말씀을 의지하여 다시 일어섭니다.
주님 안에서 참된 생명과 자유를 누리게 하옵소서.
예수님의 이름으로 기도합니다. 아멘.

Day 6

나와 함께하시는 만왕의 왕

추적추적 비가 오던 날,
막내가 그토록 좋아하는 축구 선수의 경기를 보러 갔습니다.
입구부터 길게 늘어선 줄에 서서 한참을 기다렸습니다.
시작하기도 전에 궂은 날씨와
붐비는 인파에 기진맥진했지만,
막내의 얼굴엔 내내 웃음이 떠나지 않았습니다.

경기가 끝나고 선수들이 인사하는 시간이 되자
아이는 맨 뒷자리에서 펜스 앞까지 달려 나갔습니다.
그리고 목이 터져라 그 선수의 이름을 외쳤습니다.
그때 선수가 아이가 있는 곳을 향해 손을 흔들었습니다.
아이는 더욱 힘차게 손을 흔들며
선수의 뒷모습이 보이지 않을 때까지 그의 이름을 외쳤습니다.

좋아하는 유명인이 한 번 쳐다봐주는 것만으로도
우리는 세상을 다 얻은 듯 기뻐합니다.
그런데 만약 그 사람이 나를 찾아오고,
나의 이름을 불러주고,

나와의 만남을 기다린다면 어떤 마음이 들까요?

삭개오의 마음도 이와 같았을 것입니다.

그는 예수님이 보고 싶어 세리장이라는 체면도 잊은 채

돌무화과나무 위에 올라갔습니다.

그런데 놀라운 일이 벌어집니다.

예수님이 먼저 그의 이름을 부르신 것입니다.

"삭개오야, 속히 내려오라" 눅 19:5

이처럼 오늘 우리를 기다리시는 분이 있습니다.

바로 우리 안에 계신 만왕의 왕 예수님이십니다.

예수님의 이름은 임마누엘,

"내가 너와 함께한다"라는 뜻입니다.

그토록 우리와 함께하고 싶으셨던 것입니다.

좋아하는 선수의 눈길 한 번에도 가슴이 뛰는데,

하물며 만왕의 왕께서 오늘 나의 이름을 부르십니다.

멀리서 우리를 바라만 보지 않고

우리의 삶 깊숙이 들어오기를 원하십니다.

"내가 오늘 네 집에 유하여야 하겠다" 눅 19:5

우리와 함께 먹고 마시는 친밀한 사랑,

그 사랑이 지금 이 순간에도 우리를 부르고 있습니다.

예수께서 그 곳에 이르사 쳐다보시고 이르시되

삭개오야 속히 내려오라

내가 오늘 네 집에 유하여야 하겠다 하시니

누가복음 19장 5절

돌무화과나무 위의 삭개오를 먼저 발견하고 부르신 예수님은,

오늘 우리의 이름을 불러주십니다.

나의 삶에 깊숙이 들어오시는 '임마누엘'의 사랑이

지금도 우리를 향하고 있습니다.

만왕의 왕 예수께서 나와 함께하십니다!

하나님 아버지,
만왕의 왕이신 주님이 나를 아시고,
나의 이름을 불러주시니 감사합니다.
임마누엘로 나와 함께하기 원하시는 주님.
매 순간 주님과 기쁨으로 동행하며
친밀한 사랑 안에 거하게 하옵소서.
예수님의 이름으로 기도합니다. 아멘.

Day 7

작은 나귀의 부르심

초등학교 4학년 때, 교회에서 성탄 연극을 했습니다.

1막은 목자들의 이야기,

2막은 여관 주인과 마리아와 요셉,

3막은 모든 출연진이 나와 인사하는 장면이었습니다.

저의 역할은 3막에 등장하는 요셉이었습니다.

한 마디 대사도, 특별한 역할도 없었습니다.

그저 지팡이를 들고 마리아 옆에 서서

아기 예수님을 조용히 바라보는 것이 전부였습니다.

아무 말도 없이 3막에 잠깐 등장하는 역할을 위해

저는 두 달 동안 한 번도 빠지지 않고 연습에 나갔습니다.

딱히 연습할 것도 없는 작은 역할이었지만,

그저 예수님 이야기에 함께한다는 사실만으로

무척 뿌듯하고 자부심이 컸습니다.

이제는 어릴 적 기억이 가물가물하지만,

그 장면만큼은 어제 일처럼 선명합니다.

예수님 이야기에 기쁘게 쓰임 받으려 했던 그 날의 저를 예수님도 흐뭇하게 바라보고 계셨을 것만 같습니다.

예수님의 시선은 낮은 곳을 향합니다.
예루살렘 입성을 앞두고 예수님은 제자들에게 말씀하십니다.
"나귀 새끼를 풀어 끌고 오라."
그리고 이렇게 덧붙이셨습니다.
"주가 쓰시겠다 하라."
이 장면은 500여 년 전 이미 약속된 말씀이었습니다.
"그는 공의로우시며 구원을 베푸시며 겸손하여서
나귀를 타시나니 나귀의 작은 것 곧 나귀 새끼니라" 슥 9:9

만왕의 왕이 택하신 것은 화려한 말이 아니었습니다.
아직 아무도 타보지 않은 나귀 새끼였습니다.
그 나귀가 선택받은 이유는 단 하나였습니다.
"주가 쓰시겠다!"

우리도 나귀와 다르지 않습니다.
내세울 것도, 준비된 것도 없습니다.
우리가 쓰임 받는 근거는
자격이 아니라 부르심입니다.
능력이 아니라 은혜입니다.

오늘도 하나님께서는
그분의 이야기 속으로 우리를 초대하십니다.
우리가 설 수 있는 자리는 오직 하나,
주가 쓰시겠다 하신 부르심 위입니다.

만일 누가 너희에게 어찌하여 푸느냐 묻거든
말하기를 주가 쓰시겠다 하라 하시매
누가복음 19장 31절

하나님께서 우리를 사용하시는 이유는
우리의 자격이나 능력이 아닌,
하나님의 주권적인 은혜입니다.
예수님이 나귀 새끼를 택하셨듯,
오늘도 우리 삶을 통해
하나님의 이야기를 써 내려가십니다.

나는 은혜로 부르심 받은 자입니다!

하나님 아버지,
아무 자격도 없는 나를
하나님의 시선으로 규정해주시고
하나님의 놀라운 이야기에 초대해주시니 감사합니다.
주가 쓰시겠다 하신 그 자리에 은혜받은 자격으로,
쓰임 받는 기쁨으로 서 있게 하옵소서.
예수님의 이름으로 기도합니다. 아멘.

Day 8

하나님의 역사가 시작되는 곳

첫 선교지인 아프리카에 도착했을 때,
제게 주어진 첫 사역은 '마당 쓸기'였습니다.
교회 건축이나 전도 집회 같은 사역은 아니었지만,
저는 그저 맡겨진 일에 최선을 다했습니다.

하지만 밤이 되어 전기가 끊기고, 짙은 어둠이 찾아오면
이런저런 생각에 잠겼습니다.
'선교하러 왔는데, 마당만 쓸고 있어도 되나.'
그때마다 저는 한국에서 챙겨온 낡은 기타를 들고
찬양 한 곡을 열 번, 스무 번씩 불렀습니다.
찬양을 많이 부르다 목이 쉬기도 했는데
다음 날 해가 뜨면 어김없이 빗자루를 들었습니다.
작은 일이라도 하나님이 맡기셨다면
그것이 나의 사역이라 믿으며 묵묵히 먼지를 쓸어냈습니다.
반년의 기다림 끝에 하나님은 선교의 문을 열어주셨습니다.

30여 년의 목회 여정 동안
처음부터 거창했던 적은 없었습니다.

비질 한 번, 찬양 한 소절,
똑같이 반복되는 평범한 날들.
그런 자리에서 하나님의 일이 시작되었습니다.

예수께서 베드로를 부르신 곳도 그랬습니다.
화려한 모임도, 특별한 순간도 아닌
매일 그물질을 하던 갈릴리 바닷가였습니다.
어쩌다 예수님 눈에 띈 것이 아니었습니다.
오래전부터 준비된 부르심이 가장 익숙하고
소박한 일상의 자리에서 풀어진 것입니다.

하나님의 계획은 그렇게 시작됩니다.
갈릴리 바닷가의 부르심은
성경 속에 머무는 옛이야기가 아닙니다.
비질만 하던 그 아침처럼
기타 하나로 찬양하던 그 저녁처럼
지금 있는 이 자리에서 조용히 시작되는 것입니다.
거창하지 않아도 괜찮습니다.
눈부시지 않아도 괜찮습니다.
오늘 내가 들고 있는 것이 빗자루 하나일지라도
하나님이 붙드시면 놀라운 사명의 현장이 됩니다.

예수께서 이르시되 나를 따라오라

내가 너희로 사람을 낚는 어부가 되게 하리라 하시니

곧 그물을 버려 두고 따르니라

마가복음 1장 17-18절

태초부터 준비된 하나님의 부르심은

매일 마주하는 평범한 일상에서 시작됩니다.

묵묵히 나의 자리를 지킬 때

하나님의 위대한 계획이 아름답게 풀어질 것입니다.

하나님의 역사가 내 삶에 펼쳐지고 있습니다!

하나님 아버지,
나의 일상을 하나님의 일하시는 통로로
사용하여주시니 감사합니다.
태초부터 나를 향해 놀라운 계획을 가지고 계시고
그것을 이루고 계심을 믿습니다.
작은 일이라도 맡기신 일을 묵묵히 감당하여
하나님의 큰 그림을 발견하게 하옵소서.
예수님의 이름으로 기도합니다. 아멘.

Day 9

주님이 기억하시는 길

7년의 아프리카 선교를 뒤로하고
하나님이 저를 보내신 곳은 동토의 땅, 알래스카였습니다.
심지어 뉴질랜드로 가서 안식년을 보낼 기회가 있었지만,
하나님께서는 가장 추운 땅을
두 번째 선교지로 품게 하셨습니다.

답답한 마음에 하나님께 물었습니다.
"하나님, 누군가가 그곳에 가야 한다는 건 알겠습니다.
그런데 왜 하필 저여야 하는지 모르겠습니다."
당시에는 하나님의 큰 그림을 다 알 수 없었지만,
대신 한 가지 귀한 것을 주셨습니다.
한 영혼을 사랑하는 마음이었습니다.
그 사랑 안에서 비로소 하나님의 심장으로
영혼을 대할 수 있게 되었습니다.

구레네 시몬의 십자가도 그랬습니다.
예수께서 십자가를 지고 골고다 언덕을 오르시던 날,
시몬은 수많은 사람 중에 왜 자신이어야 했는지,

당시에는 그 걸음의 이유를 알지 못했을 것입니다.
그런데 잠깐 예수님과 십자가의 길을 걸었던
구레네 시몬의 가문은
훗날 사도 바울의 편지에 다시 등장합니다.
"주 안에서 택하심을 입은 루포와 그의 어머니에게 문안하라
그 어머니는 곧 내 어머니니라" 롬 16:13
'루포'의 아버지가 바로
예수님의 십자가를 진 구레네 시몬입니다.
잠깐의 동행만으로 가문 전체가 복음의 명가가 되고
바울의 편지에 이름을 올리게 된 것입니다.

왜 나인지, 왜 이런 방법이어야만 하는지,
도무지 해석이 되지 않는 삶의 정거장들이 있습니다.
그러나 하나님은 홀로 모든 일을 이루실 수 있음에도,
굳이 우리를 그분의 위대한 역사 속으로 초대하셨습니다.
수많은 사람 중 나여야만 한다고 말씀하신다면
그 길이 우리에게 축복입니다.
그 사명이 우리에게 은혜입니다.

오늘도 주님은 십자가의 길 위에서
우리의 이름을 부르십니다.

때론 버겁기도 한 그 길,
그러나 묵묵히 그 길을 계속 걸어갈 때
비로소 내 곁에서 함께 걷고 계신 예수님을 보게 될 것입니다.

마침 알렉산더와 루포의 아버지인 구레네 사람 시몬이
시골로부터 와서 지나가는데 그들이 그를 억지로 같이 가게 하여
예수의 십자가를 지우고
마가복음 15장 21절

다 이해할 수 없어도 하나님께서 부르신 길은 복된 길입니다.
묵묵히 사명의 자리를 지키는 한 사람을 주님은 기억하시며,
하나님의 위대한 역사를 아름답게 완성하실 것입니다.

나의 순종을 하나님이 기뻐하십니다!

하나님 아버지,
나를 사랑하셔서서 귀한 사명을 맡겨주시니 감사합니다.
때론 버거운 사명일지라도
훗날 복의 통로가 될 줄 믿습니다.
기쁨으로 사명의 길을 걸어갈 수 있도록
성령님, 힘을 더하여주옵소서.
예수님의 이름으로 기도합니다. 아멘.

Day 10

말씀 따라 한 걸음씩

첫 차를 샀던 날이 생각납니다.
설레는 마음으로 중고등부 아이들을 태우러
학교 앞까지 마중을 나갔는데,
하필 그날 세찬 폭우가 쏟아졌습니다.
금세 유리 안쪽으로 하얀 습기가 피어오르더니
위에서 아래로 시야를 촘촘히 덮어오기 시작했습니다.
앞 유리 전체가 뿌옇게 변해버려 당황한 나머지
목을 쭉 빼고 자세를 한껏 낮춰가며
겨우겨우 운전대를 잡았습니다.
잔뜩 긴장한 채 교회에 도착하고 보니,
어느새 등은 식은땀으로 축축이 젖어 있었습니다.

손 닿는 곳에 습기 제거 버튼이 있었다는 것을
나중에야 알았습니다.
그 버튼이 어디 있는지, 어떻게 쓰는지 알았더라면
그토록 마음 졸이며 운전할 일은 없었을 것입니다.

우리 삶에도 이와 같은 중요한 버튼이 있습니다.

바로 하나님이 주신 '말씀'입니다.
버튼의 존재를 알아도 누르지 않으면
아무 일도 일어나지 않듯
말씀을 이해하는 단계를 넘어 약속을 직접 입술로 말할 때,
비로소 말씀대로 이루어지는 것을 경험하게 됩니다.

사탄이 광야에서 예수님을 시험했을 때
예수님이 꺼내 든 무기도 바로 말씀이었습니다.
"기록되었으되 사람이 떡으로만 살 것이 아니요
하나님의 입으로부터 나오는 모든 말씀으로 살 것이라
하였느니라 하시니" 마 4:4
'기록되었으되'라는 단 한 마디로 사탄을 물리치셨고
동일한 말씀의 권세를 오늘 우리에게도 주셨습니다.

이제 우리가 할 일은 간단합니다.
하나님이 주신 '말씀'의 버튼을 누르기만 하면 됩니다.
나의 기분이나 어려운 상황에 마음을 빼앗기기보다
나를 향하신 약속의 말씀을 소리 내어 고백하는 것입니다.
예수님처럼 말씀을 말할 때, 막막했던 현실은 걷히고
우리 안에 이미 주신 말씀의 능력이 비로소 풀어질 것입니다.
안개가 뒤덮듯 앞이 보이지 않는 순간에도

우리에게는 하나님이 주신 '말씀'이 있습니다.
말씀 자체이신 예수님의 손을 잡고 걷는다면
우리는 어떤 폭우 속에서도 안전합니다.

예수께서 대답하여 이르시되 기록되었으되
사람이 떡으로만 살 것이 아니요
하나님의 입으로부터 나오는 모든 말씀으로
살 것이라 하였느니라 하시니
마태복음 4장 4절

우리에게는 어떤 상황도 이겨낼 약속의 말씀이 있습니다.
믿음의 선포를 통해 막막함은 걷히고
하나님의 말씀이 실제가 되어 우리 삶에 풀어질 것입니다.

--- • **고백하기** • ---

나는 말씀을 말하는 자입니다!

--- • **기도하기** • ---

하나님 아버지,
말씀이신 주님이 내 안에 오셔서
선포의 권세를 누리게 하시니 감사합니다.
말씀을 알기만 하지 않고
말씀을 말하는 자가 되겠습니다.
예수님이 하셨던 것처럼
어떠한 상황에서도 말씀을 선포하여
넉넉히 승리하는 자녀 되게 하옵소서.
예수님의 이름으로 기도합니다. 아멘.

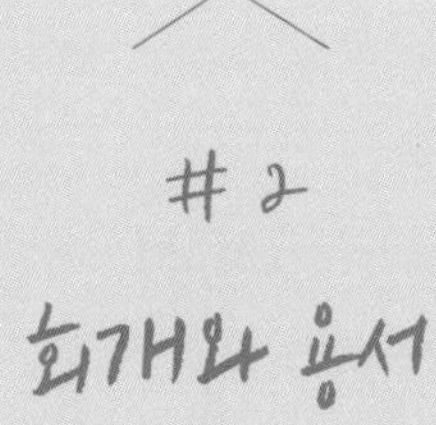

\# 2

회개와 용서

Day 11

내가 또 너를 용서한다

선교사로서 부끄러운 순간이 있었습니다.
아프리카에서 선교하던 시절,
저만 보면 아이들이 우르르 달려왔습니다.
그러면 저는 그들의 머리 위에 손을 얹고
축복기도를 해주었습니다.
40도를 웃도는 더위에 땀이 흐르다 식었다 반복하면
간혹 아이들의 머리카락 사이로
이가 우글우글 기어다니는 것이 보입니다.
선교사로서 참 부끄러운 고백이지만
가끔은 안수하기가 부담스러웠습니다.

그날도 이 마음을 숨기며 기도를 마치려던 순간
세미한 음성이 들려오는 것 같았습니다.
"상훈아, 내가 이 아이들과 함께 있단다."
그 순간 마음이 무너져 내렸습니다.
방금까지 품었던 부끄러운 마음 한복판으로
걸어 들어오신 예수님.
죄로 가득한 나의 마음에

죄를 알지도 못하신 예수님이 찾아오셨다는 사실에,

그 낮은 사랑 앞에 뜨거운 눈물이 쏟아졌습니다.

저는 다시 아이들에게 다가가 한 명 한 명을 끌어안았습니다.

더는 우글거리는 이가 문제가 되지 않았습니다.

간음한 여인이 사람들에 의해 끌려왔을 때

예수님은 "죄 없는 자가 먼저 돌로 치라"고 하셨습니다.

그러자 사람들은 하나둘씩 돌을 내려놓고 자리를 피합니다.

그중에는 존경받는 사람, 평판 좋은 사람도 있었을 것입니다.

그러나 죄 없는 사람은 단 한 명도 없었습니다.

모두 자리를 떠나자 예수님은 이렇게 말씀하십니다.

"나도 너를 정죄하지 아니하노니

가서 다시는 죄를 범하지 말라" 요 8:11

예수님은 차마 들추기 싫은 우리 삶을 외면하지 않으시고

오히려 그 얼룩진 삶 한복판으로 걸어 들어오셨습니다.

우리가 지은 죄에는 마음 아파하시지만

우리를 향한 사랑은 단 한 순간도 흔들린 적이 없습니다.

여전히 자신을 정죄하며 고개 숙인 우리를 향해

주님은 오늘도 말씀하십니다.

"내가 또 너를 용서한다. 내가 너를 사랑한다."

내가 봐도 사랑스럽지 않을 때
차마 고개를 들 수 없는 그 자리에서도
붉게 물든 십자가의 사랑은 여전히 나를 기다리고 있습니다.

요한복음 8장 11절

죄인의 마음에 찾아오신 예수님은
우리의 연약함을 외면하지 않으십니다.
십자가로 사랑을 확증하시고
정죄하지 않는 사랑으로 오늘도 우리를 기다리십니다.

예수님의 보혈로 나의 모든 죄는 용서받았습니다!

하나님 아버지,
정죄와 판단 속에서 나를 구하시고
나를 용서해주시니 감사합니다.
내가 매일 회개함으로 십자가 앞에 더 가까이 갑니다.
죄로부터 돌이켜 다시는 같은 죄를 짓지 않도록
내 안에 계신 성령님, 도와주세요.
예수님의 이름으로 기도합니다. 아멘.

Day 12

목 놓아 외치는 아버지의 이름

부모는 800명 사이에서도 자기 자녀를 찾아냅니다.

매서운 한파가 몰아치던 1월,

산에서 유격 훈련을 마치고 내려왔습니다.

어느 교회에서 소보로빵과 우유를 나눠준다는 소식에

들뜬 마음으로 강당에 모였습니다.

빵을 두 손으로 받아들고 앉아 있는데

강단에 선 분이 눈에 들어왔습니다.

순간 심장이 쿵 내려앉았습니다.

그 분은 제 아버지였습니다.

매년 군부대 선교를 다니시는 아버지께서

이번에는 아들이 있는 곳까지 찾아오신 것이었습니다.

짧게 깎은 머리, 똑같은 군복을 입은 800명 사이에서

아버지는 단번에 저를 찾아내셨습니다.

시간이 멈춘 듯 시선이 머물렀고

말 한마디 없이 눈빛만으로도 "잘 있었느냐"는 안부를

건네는 것을 알 수 있었습니다.

목 끝까지 차오른 "아버지!!" 소리를 꾹꾹 다시 밀어 넣었습니다.

커다란 돌멩이가 목구멍에 박힌 듯했습니다.
할 수 있는 것이라고는
그저 아버지를 한 번이라도 더 바라보는 것뿐이었습니다.

겟세마네,
그곳은 예수님이 외면당하신 시작점이었습니다.
곧 매를 맞고, 십자가를 짊어질 아들을 향해
등을 돌려야 했던 하나님 아버지의 마음은 어떠셨을까요.

십자가의 고통은 살이 찢기는 아픔만이 아니었습니다.
가장 견디기 힘든 것은
아버지와의 단절이었을 것입니다.

예수님이 외면당한 그 자리는
우리와 하나님 사이를 이어주는 다리가 되었습니다.
죄로 인해 감히 쳐다볼 수 없던 하나님의 얼굴을
이제는 "아버지"라 부르며 마주할 수 있습니다.

단절의 자리, 동시에 가장 깊은 연결이 일어난 자리,
그 사랑의 시선은 수많은 사람 중에서
나 한 사람을 향하고 있습니다.

누가복음 22장 42절

예수님이 십자가 위에서 처절한 어둠을 견디신 이유는
오직 나 한 사람과 하나님을 잇기 위함이었습니다.
그 외로운 자리가 이제는 우리에게 다리가 되어
담대히 "아버지"라 부르며 그분의 얼굴을 마주합니다.

어떤 것도 나를 하나님 사랑에서 끊을 수 없습니다!

하나님 아버지,
나를 위해 십자가에서 외로움과 고통을 다 참으시고
하나님과의 관계를 회복시켜주시니 감사합니다.
다시 연결된 하나님과의 교제를 쉬지 않게 하옵소서.
주님의 이름을 더 많이 부르고 의지하겠습니다.
주님의 음성을 듣기 원합니다.
예수님의 이름으로 기도합니다. 아멘.

Day 13

예수님과 눈이 마주치는 순간

대학 시절, 학생회장 선거에 나가게 되었습니다.

잠을 줄여 포스터를 만들고,

틈나는 대로 선거 운동을 했습니다.

선거에 집중하느라 채플도 빠졌고,

기도생활도 제대로 하지 못한 날들이 이어졌습니다.

선거 결과는 낙선이었습니다.

그날 오후, 오랜만에 채플실에 들렀습니다.

"주님" 한 마디에 참았던 눈물이 쏟아졌습니다.

한참을 울고 휴지를 꺼내려고 가방을 뒤적이는데,

가방 깊숙한 곳에서 잊고 있던 봉투 하나가 손에 잡혔습니다.

예전에 한 전도사님이 주신 봉투였는데,

열어보니 녹슨 못 하나와 붉은 천 조각이 들어 있었습니다.

나를 위해 박히신 못과 나를 위해 흘리신 피,

예수님의 십자가가 떠올랐습니다.

'주님, 여기 계셨군요….'

그동안 선거 운동에만 몰두했던

제 모습이 하나씩 떠올랐습니다.

기도도, 예배도, 우선순위에서 잠시 미뤄두었던 저를
주님은 한시도 놓지 않으셨던 것입니다.

누구에게나 꺼내기 어려운 순간이 있습니다.
들키고 싶지 않아 깊이 묻어둔 이야기 말입니다.
베드로도 그랬습니다.
그는 예수님을 세 번이나 모른다고 했고
어린 소녀 앞에서 맹세까지 했습니다.
그때 닭 울음소리가 들렸습니다.
"주께서 돌이켜 베드로를 보시니
베드로가 주의 말씀 곧 오늘 닭 울기 전에
네가 세 번 나를 부인하리라 하심이 생각나서" 눅 22:61

고개를 든 베드로의 눈에 멀리 계신 예수님이 들어왔습니다.
엉겨 붙은 핏방울과 흐트러진 머리카락 사이로 마주친 시선,
책망보다 깊은 긍휼이, 정죄보다 간절한 기다림이 담긴 눈빛,
그 애끓는 사랑을 마주한 베드로는
밖으로 뛰쳐나가 한참을 울었습니다.

우리에게도 그런 순간이 찾아옵니다.
말씀이 가슴에 와닿고, 십자가가 나를 깨우는 순간.

예수님과 눈이 마주치는 때입니다.
우리가 등 돌릴 때조차 주님은 시선을 거두지 않으십니다.
가장 부끄러운 자리 한복판에서
쉼 없이 함께 걸어주시는 주님의 사랑이 들려옵니다.

누가복음 22장 61-62절

인생의 뼈아픈 실패와 부끄러운 순간에도,
주님은 책망이 아닌 긍휼과 기다림으로
우리를 끝까지 바라보십니다.
포기하지 않으시는 사랑 때문에
우리는 다시 주님 앞에 나아갈 수 있습니다.

나는 하나님의 긍휼하심을 입은 자입니다!

하나님 아버지,
가장 부끄러운 자리에서도
여전히 나를 긍휼과 사랑으로 바라봐주시니 감사합니다.
나는 주님의 사랑받는 자입니다.
말씀으로 나를 찾아오실 때
회개함으로 다시 주님 앞에 나아가게 하옵소서.
예수님의 이름으로 기도합니다. 아멘.

Day 14

포기하지 않으신 한 영혼

수단의 어느 마을,
이슬람 군대의 급습으로 아이들이 납치되었습니다.
손발은 다 피투성이가 되었고
고사리 발에 무거운 쇠사슬이 채워져 있었습니다.
동료 선교사로부터 소식을 들으니 가슴이 미어졌습니다.
아이들을 구하려면 한 명당 30달러를 내야 했습니다.
주변 선교사들과 어렵게 모은 3천 달러를 가지고
100명의 아이들을 데리고 가려는데,
남겨진 한 아이와 눈이 마주쳤습니다.
말없이 간절하게 바라보는 새까만 눈동자를
지금도 잊지 못합니다.

그 아이의 눈망울을 떠올릴 때면
수많은 사람 중 한 명이 아닌 마지막 한 영혼을 향해 흐르는
하나님의 절절한 사랑이 느껴집니다.

한 영혼도 포기할 수 없는 사랑은
2천 년 전 골고다 언덕에도 흐르고 있었습니다.

인류 역사상 가장 끔찍하고 수치스러운 십자가 위에서
예수님은 온갖 조롱을 받으며
흉악범들과 함께 매달리셨습니다.
그런데 함께 달린 두 강도 중
한 사람이 예수님을 믿게 됩니다.
그는 자신의 죄를 변명하지도 않고 이렇게 고백합니다.
"당신의 나라에 임하실 때에 나를 기억하소서"
그러자 예수님이 이렇게 답하십니다.
"내가 진실로 네게 이르노니
오늘 네가 나와 함께 낙원에 있으리라"

죽음의 문턱에서도 놓지 않은 한 영혼.
물과 피를 다 쏟기까지 구원하셨던 영혼.
그 사랑의 주인공은 십자가 위의 강도만이 아닙니다.
바로 '나'입니다.

모진 고통 속에서도 놓지 않으신 사랑.
조금이라도 더 가까이 오기 위해
물과 피를 다 쏟으신 사랑.
그 눈물진 사랑이
지금도 우리 안에 살아 숨 쉬고 있습니다.

십자가의 극심한 고통 속에서도
한 영혼을 구원하신 예수님은
오늘도 우리를 향해 절절한 사랑으로 찾아오십니다.
우리는 수많은 무리 중 한 명이 아닌
단 하나뿐인 구원의 주인공입니다.

어떠한 상황에도 하나님의 사랑은 나를 포기하지 않습니다!

하나님 아버지,
이천 년 전, 나를 위해 십자가 달리사
모든 죄를 용서해주시니 감사합니다.
죽음의 문턱에서도 강도를 구원하셨듯
마지막 구원받은 주인공이 바로 나입니다.
포기하지 않으신 마지막 사랑을 기억하며
십자가로 더 가까이 나아가게 하옵소서.
예수님의 이름으로 기도합니다. 아멘.

Day 15

가장 큰 각도로,
가장 낮은 곳으로

가장 큰 감동로, 가장 낮은 곳으로

지금은 월드컵 경기장이 들어서 있지만,
난지도에 쓰레기산이 우뚝 솟아 있던 시절이 있었습니다.
80미터 높이의 폐기물 틈 사이로
작은 교회가 자리 잡고 있었습니다.

창문을 열면 코를 찌르는 악취가 밀려왔고
창문을 닫으면 금세 숨이 막혀왔습니다.
가만히 앉아 있기만 해도 어른, 아이 할 것 없이
땀방울이 등 줄기를 타고 쉼 없이 흘러내렸습니다.

하지만 다같이 예배를 드릴 때면 그 작은 예배당은
세상 어디에서도 볼 수 없는 감격의 눈물로 가득 찼습니다.
그곳에 우리 주님이 친히 찾아오셨기 때문입니다.
선명한 말씀과 뜨거운 임재로 오신 주님은
우리의 고단함을 기쁨으로,
탄식을 감격으로 바꾸어주셨습니다.
주님이 지금 여기 계신다는 압도적인 사랑 앞에,
우리는 더위도 악취도 잊은 채

오직 주님 한 분만으로 충분한 '작은 천국'을 경험했습니다.

우리에게 영원한 생명을 주시기 위해
가장 높은 분이 가장 낮은 곳을 향해 추락하셨습니다.
하늘 보좌를 버리고 냄새나는 말구유를 택하셨으며
스스로는 아무것도 할 수 없는
아기의 몸으로 이 땅에 오셨습니다.
가장 큰 각도로, 가장 낮은 곳까지
기꺼이 자신을 던지셨습니다.

세상은 위를 향해 올라갑니다.
더 높은 자리, 더 큰 인정, 더 많은 소유를 향해 달려갑니다.
그러나 예수님은 정반대의 방향을 택하셨습니다.
능력이 없어서가 아니라, 우리를 너무나 사랑하셨기에
기꺼이 낮아짐을 택하셨습니다.
더 낮아질 수 있는 각도,
그것이 진짜 사랑의 능력이었습니다.

일상의 작은 불편함 앞에 서성일 때마다,
문득 그 시절 난지도의 예배를 떠올립니다.
당연하게 여겼던 권리들을 잠시 내려놓고

주님이 서 계신 그 낮은 자리로 내려가
섬김의 자리에 머물러봅니다.
낮아짐을 선택할 때, 기꺼이 가장 낮은 곳까지 내려오신
예수님의 따뜻한 마음을 알게 될 것입니다.

너희 안에 이 마음을 품으라 곧 그리스도 예수의 마음이니
그는 근본 하나님의 본체시나 하나님과 동등됨을
취할 것으로 여기지 아니하시고

빌립보서 2장 5-6절

예수님은 우리를 구원하시기 위해
낮은 이 땅에 기꺼이 내려오셨습니다.
내가 마땅히 누릴 것들을 잠시 내려놓을 때
겸손의 왕이신 예수님을 닮아가게 됩니다.

· 고백하기 ·

나는 예수님을 닮아 겸손한 자입니다!

· 기도하기 ·

하나님 아버지,
하나님과 동등하신 예수께서
하나님과 동등됨을 취하지 않으신 것처럼
당연하게 여겼던 나의 권리를
주님 앞에 내려놓기 원합니다.
겸손의 본을 보이신 예수님이 내 안에 계십니다.
누가 인정해주지 않아도, 알아주지 않아도,
낮아짐을 기꺼이 택하는 겸손한 자가 되게 하옵소서.
예수님의 이름으로 기도합니다. 아멘.

Day 16

잇고 있던 만달란트

우연히 켠 CNN 화면 속
어느 대학의 졸업식 풍경이 눈길을 사로잡았습니다.
축사를 하던 CEO가 학자금 대출을 전액 갚아준다고
선언한 순간, 학생들은 울음을 터뜨렸고
사방에서 환호와 기립박수가 터져 나왔습니다.

대출금은 누구에게나 무거운 짐입니다.
누군가 그 거대한 짐을 대신 져준다고 할 때
그 자리에 있던 학생들처럼 감격하는 것은
당연한 일일지도 모릅니다.

그 장면을 보면서 문득 제 모습을 돌아보았습니다.
우리는 이미 갚을 수 없는 빚을 탕감받은 사람들입니다.
죽음에서 생명으로, 매임에서 해방으로 옮겨지는
새 삶을 선물 받았습니다.
그런데도 어느덧 대속의 은혜를 너무 당연하게 여기며
무덤덤해져버린 것은 아닌지 생각해보았습니다.

성경에는 일만 달란트 빚을 탕감받은 사람이 등장합니다.
평생을 일해도 갚을 수 없는 엄청난 액수였습니다.
하지만 그는 돌아서서
백 데나리온 빚진 이웃의 멱살을 잡았습니다.

어쩌면 이것이 우리의 부끄러운 자화상일지도 모릅니다.
생명의 빚을 탕감받고도
정작 누군가의 작은 실수 앞에서는 날 선 잣대를 들이대고,
조금도 손해 보지 않으려 마음을 닫아버리곤 합니다.
그러나 하나님은 만 달란트의 죄를 지은 우리를
그보다 훨씬 더 큰 사랑으로 먼저 안아주셨습니다.

"새 계명을 너희에게 주노니 서로 사랑하라
내가 너희를 사랑한 것같이 너희도 서로 사랑하라" 요 13:34

주님은 우리에게
이전과는 전혀 다른 기준의 사랑을 말씀하십니다.
내 의지와 감정만으로는 단 한 사람도 품기 버겁지만,
먼저 받은 차원 높은 사랑을 의지할 때
비로소 사랑할 수 없는 이들까지도 품을 수 있습니다.

지금 나는 얼마나 과분한 사랑 속에 머물고 있는지

가만히 멈춰 서서 헤아려봅니다.

받은 사랑의 깊이를 알아갈수록

다른 이들을 긍휼함으로 포용할 수 있습니다.

이미 주님께 받은 그 과분한 용서가

우리를 다시 사랑의 자리로 이끌고 있습니다.

우리는 모두, 사랑의 빚을 진 자들입니다.

내가 너를 불쌍히 여김과 같이

너도 네 동료를 불쌍히 여김이 마땅하지 아니하냐 하고

마태복음 18장 33절

우리는 스스로 갚을 수 없는

생명의 빚을 탕감받은 자들입니다.

먼저 안아주신 하나님의 크신 사랑을 깨달을 때

긍휼의 마음으로 누군가를 품는 기적을 경험하게 됩니다.

나는 사랑의 빚을 진 자입니다!

하나님 아버지,
나는 주님 사랑의 빚진 자입니다.
내 힘으로 다 갚을 수 없는 죄의 값을
예수님이 대신 담당해주시니 감사합니다.
내가 어떠한 사랑을 받았는지 깨달아
나 또한 주변의 영혼들을 하나님의 사랑으로 품게 하옵소서.
예수님의 이름으로 기도합니다. 아멘.

Day 17

그저 너와 함께하길 원한다

여섯 살 아이를 입양한 어느 목사님이 저를 찾아왔습니다.
"목사님, 저는 제 아이가 정말 사랑스러워요.
그런데 가끔 마음 아플 때가 있어요."
"언제 마음이 아프신가요?"
목사님은 잠시 생각에 잠기다가 이렇게 답했습니다.
"아이가 집에서 아빠인 저의 눈치를 볼 때
그때가 제일 마음이 아픕니다."

하나님은 우리를 영적으로 입양해주셨습니다.
죄의 종에서 하나님의 자녀로
우리에게 새 삶을 허락해주셨습니다.
그런데도 우리는 하나님을 친밀한 아버지로 여기기보다
그저 나를 평가하는 분으로만 대할 때가 있습니다.

탕자의 이야기는 이러한 아버지의 마음을 잘 보여줍니다.
탕자는 버젓이 살아 있는 아버지께 유산을 요구합니다.
이때부터 아버지와의 관계는 단절되었고
타락은 시작되었습니다.

그러나 아버지의 사랑은 변함이 없습니다.
아들이 유산을 달라고 했을 때도
자신의 품을 떠난 후에도, 눈이 오나 비가 오나
아들이 떠나간 길 위에 서 있었습니다.

시간이 흐르고,
터덜터덜 걸어오는 아들의 모습이 보이자
아버지는 온 힘을 다해 그에게 달려갑니다.
그리고 가장 먼저 아들을 꽉 끌어안습니다.

아들이 회개했는지 알기도 전에
그저 아들이어서 품어주시는 사랑.
자신을 품꾼으로 여겨달라는 아들에게
당당히 가락지를 끼움으로써
아들임을 선언하는 사랑,
이것이 우리를 향하신 하나님의 마음입니다.

나의 부끄러운 죄가 드러났을 때 하나님의 본심은
벌주려는 것도, 잘못을 따지려는 것도 아닙니다.
단 하나, 끊어졌던 관계가 이어지길 원하십니다.
"제발 용서해주세요"라며 떨고 있는 우리에게,

"그저 너와 함께하길 원한다"라고 말씀하십니다.
회개는 죄를 용서받는 것을 넘어
아버지 품으로 돌아가는 것입니다.

우리의 자리는 아버지 품 안입니다.
이곳이 가장 안전하고, 가장 따뜻한 곳입니다.

이에 일어나서 아버지께로 돌아가니라 아직도 거리가 먼데
아버지가 그를 보고 측은히 여겨 달려가 목을 안고 입을 맞추니
누가복음 15장 20절

탕자가 돌아오기도 전에 달려가 안아주셨듯,
주님이 가장 원하시는 것은 친밀한 관계의 회복입니다.
진정한 회개는 가장 안전한 아버지의 집에 머물며
그분과 함께 살아가는 것입니다.

· 고백하기 ·

나는 아버지의 품 안에서 평안을 누리는 자입니다!

· 기도하기 ·

하나님 아버지,
어떤 상황에서도 나는 하나님의 사랑받는 자녀입니다.
예수님의 보혈로 하나님과의 관계가 회복되었음을 믿습니다.
오늘도 두 팔 벌려 달려오시는 주님의 품 안에서
진정한 회개의 기쁨을 누리게 하옵소서.
예수님의 이름으로 기도합니다. 아멘.

은혜 아래 거하는 사랑

어린 시절, 목회자 가정에서 태어난 저는
한 가지 걱정이 있었습니다.
'우리 가족은 다 천국 갈 텐데,
혹시 나만 지옥에 떨어지면 어떡하지?'
길을 걷다 넘어져서 다치기라도 하면,
이런 질문들이 툭 튀어나왔습니다.
'주님, 혹시 제가 뭘 잘못했나요?'

요즘 청년들로부터 저의 어린 시절 고민을 듣습니다.
"너는 이미 구원받은 하나님의 자녀란다"라고 말하면,
그들은 부끄러운 듯 뒷걸음질 치며 대답합니다.
"전 아닌 것 같아요. 목사님이 모르셔서 그렇지,
제 안에 더한 죄도 많거든요."

그러나 시간이 흘러 비로소 깨달은 것은
구원은 나의 어떠함으로 쟁취하는 것이 아니라
이미 예수님의 보혈로 얻어진
전적인 하나님의 선물이라는 것입니다.

예수님이 십자가에서 확증하신 것은

정죄가 아닌 사랑입니다.

우리가 십자가 앞에서 먼저 발견해야 할 것은

내가 얼마나 죄인인지에 대한 절망이 아니라

내가 얼마나 큰 사랑을 받았는지에 대한 감격입니다.

물론 우리는 날마다 죄와 싸워야 합니다.

죄에서 돌이키는 회개가 반드시 필요합니다.

그러나 회개는 심판에 대한 두려움에서 시작되는 것이 아닙니다.

나를 향한 하나님의 끝없는 사랑을 먼저 맛보았을 때

그 은혜가 너무 감사해서 이전처럼 살 수 없다는 고백,

그것이 회개의 시작입니다.

"우리가 사랑함은 그가 먼저 우리를 사랑하셨음이라" 요일 4:19

또 넘어지고, 또 무너진다 해도

여전히 우리는 먼저 받은 사랑 안에 있습니다.

우리가 받은 사랑의 깊이를 묵상할수록

거룩을 향한 갈망이 차오릅니다.

이제 우리는 심판이 두려워 고개 숙이는 자가 아니라

은혜가 너무 커서 더는 죄에 머무르지 못하고

다시 십자가로 달려가는 자입니다.

죄에 머무를 수 없게 만드는 강력한 힘,
그것이 바로 십자가에서 확증하신 사랑입니다.

죄의 무게보다 더 큰 사랑의 무게,
그 사랑이 오늘도 우리를 다시 살게 합니다.

그런즉 어찌하리요 우리가 법 아래에 있지 아니하고
은혜 아래에 있으니 죄를 지으리요 그럴 수 없느니라
로마서 6장 15절

십자가에서 하나님이 확증하신 것은 정죄가 아닌 사랑입니다.
회개는 반드시 필요하지만,
회개 후에는 십자가 사랑에 감격하며
거룩한 변화를 이루어 가야 합니다.

나는 은혜 아래 있는 자입니다!

하나님 아버지,
나를 향하신 하나님의 마음은
정죄가 아닌 사랑인 줄 믿습니다.
먼저 받은 십자가 사랑 안에서
두려움이 아닌 은혜 아래 거하며
거룩한 변화를 이루는 자녀가 되게 하옵소서.
예수님의 이름으로 기도합니다. 아멘.

Day 19

다시 일어나 함께 가자

영하 20도의 혹독한 추위는

알래스카에서 지낸 7년 내내 좀처럼 적응이 되지 않았습니다.

온천 향 가득한 뉴질랜드에서의 안식년을 뒤로하고

부르심에 순종하여 알래스카로 왔지만,

정작 사람을 만날 방법도,

복음을 전할 곳도 마땅치 않았습니다.

그렇지만 아내와 함께 가정예배를 드리고 나면

두꺼운 외투를 여미고 늘 전도하러 나섰습니다.

말이 통하는 한국 사람을 만나고 싶었지만,

애초에 사람 자체가 드문 곳이었습니다.

때론 며칠째 사람 한 명 만나지 못하고

집으로 돌아오는 날도 있었습니다.

유난히 칼바람이 가슴 깊숙이 파고드는 날이면

현관문에 들어서자마자 보이는 문구 하나가

다시금 저를 일으켰습니다.

「하나님이 우리와 함께하신다」

척박한 땅, 한인 한 명 만나기 힘든 곳이지만
주님이 함께 계신다는 사실만으로
다시 문을 열고 나갈 힘이 생겼습니다.

온 인류의 운명을 홀로 짊어진 밤,
예수님은 무거운 마음으로 제자들과 겟세마네에 오르십니다.
그리고 제자들에게 부탁하셨습니다.
"나와 함께 깨어 있으라."
그러나 제자들은 잠들었습니다.
한 번, 두 번, 세 번,
결국 예수님이 마지막으로 보신 것도
끝내 깨어 있지 못한 제자들의 모습이었습니다.

그렇지만 예수님은 제자들을 포기하지 않으십니다.
실패의 자리로 다시 걸어오셔서 그들을 일으켜주십니다.
"일어나라, 함께 가자."

기도하지 못해서 주저앉은 밤이라 할지라도
주님은 여전히 우리와 함께하시고
우리를 사랑으로 일으키십니다.

"다시 일어나 함께 가자"는 음성이
오늘 밤도 겟세마네에서 들려옵니다.

마가복음 14장 42절

막막한 상황에 놓일지라도,
하나님은 우리와 변함없이 함께하십니다.
실패한 제자들에게 다시 걸어오신 예수님은,
오늘도 우리를 떠나지 않으시며 다시 일으켜주십니다.

오늘도 주님이 나와 함께하십니다!

하나님 아버지,
어떤 상황에서도 나를 떠나지 않으시고
나를 포기하지 않으신 사랑에 감사드립니다.
지금도 나와 함께하시는 주님.
'일어나 함께 가자' 이끄시는 대로
다시 일어나 주님과 동행하게 하옵소서.
예수님의 이름으로 기도합니다. 아멘.

아침상을 차려주신 사랑

아침상을 차려주신 사랑

설교를 마치고 집으로 돌아가는 길,

너무 바빠서 기도도 제대로 하지 못한 채

강단에 섰던 날입니다.

주님 앞에 너무 죄송하고 부끄러워

위축된 마음으로 목양실을 나섰습니다.

집 가는 길에 가족과 함께 분식집에 들렀습니다.

그런데 주문하려는 순간,

카드를 집에 두고 온 것이 떠올랐습니다.

아내와 주머니 속 현금을 모아 두 개의 메뉴를 시키자

허기졌던 아이들이 셀프 반찬대로 달려가

밑반찬을 한가득 담아왔습니다.

그때 주인 아주머니가 다가왔습니다.

'반찬을 너무 많이 먹어서 그런가….'

긴장하며 고개를 드는데, 뜻밖의 말이 들려왔습니다.

"어떤 분이 손님 음식값을 다 계산하고 가셨어요."

어안이 벙벙했습니다.

그때 마음 깊은 곳에서 이런 음성이 들려오는 것 같았습니다.

“상훈아, 이제 마음 좀 괜찮니?”
죄송한 마음에 고개만 숙이던 그 날,
주님이 오히려 먼저 나를 찾아와주셨습니다.

디베랴 바닷가의 어느 새벽도 그랬습니다.
부활의 소식을 듣고도 다시 옛 삶으로 돌아간 제자들,
낙심에 빠져 밤새 헛그물질을 하던 바닷가에
예수님이 먼저 찾아오셨습니다.
“그물을 배 오른편에 던지라” 요 21:6
말씀을 따라 그물을 던지자
주님을 처음 만난 그 날처럼 그물이 가득 찼습니다.

그 무렵, 해변에 밥상이 준비되어 있었습니다.
배신했던 제자들을 위해
예수님이 손수 차리신 아침이었습니다.

말없이 밥만 먹는 베드로를 향해
예수님은 단 하나만 물으십니다.
“네가 나를 사랑하느냐?”
과거를 묻지 않으셨습니다.
변명도 듣지 않으셨습니다.

오직 그의 '마음' 하나만 궁금해하셨습니다.

우리가 헛그물질 하는 새벽에도 주님은 먼저 찾아오십니다.

완전하지 않아도, 실수하고 넘어져도

주님은 나를 먼저 찾아오십니다.

오늘도 나의 과거를 묻는 대신,

정성껏 차려진 사랑의 식탁으로 우리를 초대하고 계십니다.

그들이 조반 먹은 후에 예수께서 시몬 베드로에게 이르시되

요한의 아들 시몬아 네가 이 사람들보다 나를 더 사랑하느냐 하시니

이르되 주님 그러하나이다 내가 주님을 사랑하는 줄

주님께서 아시나이다

이르시되 내 어린 양을 먹이라 하시고

요한복음 21장 15절

예수님은 배신했던 제자들의 과거를 묻지 않으시고,

오직 사랑의 고백만을 기다리셨습니다.

주님은 우리가 찾기 전에 먼저 찾아오시며,

오늘도 은혜의 아침상을 차려주시고 우리를 기다리십니다.

주님 사랑합니다!

하나님 아버지,
내가 세상에서 헛그물질 하는 순간에도
나를 위한 아침상을 차려주시니 감사합니다.
지난날 나의 연약함이나 실수를 생각지 않으시고
그저 나의 중심을 원하시는 주님께 나의 사랑을 드립니다.
매일 주님께 사랑을 표현하는 자녀 되게 하옵소서.
예수님의 이름으로 기도합니다. 아멘.

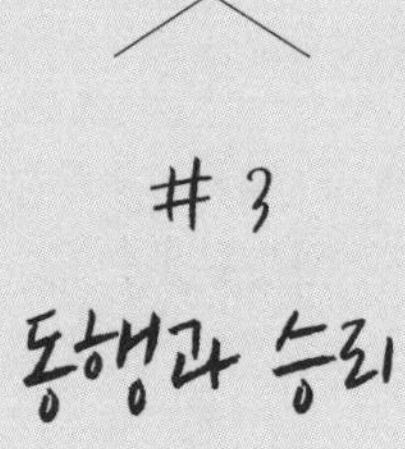

＃ 3
동행과 승리

Day 21

내가 길이야! 나만 따라오면 돼!

길이 없을 때, 길이 되어주는 사람이 있습니다.
케냐에서 선교할 때, 현지 원주민과 단둘이
근처 함석으로 지은 작은 교회를 보러 가기로 했습니다.
그런데 제 키보다도 높은 수풀만 끝없이 이어졌습니다.
스마트폰도 지도도 없던 때라
그저 동행하던 덩치 좋은 원주민 한 명만 믿고
깊은 수풀로 들어갔습니다.

그런데 가도 가도 끝이 보이지 않자, 덜컥 겁이 났습니다.
'혹시 이러다 납치라도 당하는 거 아닐까.'
떨리는 목소리로 조심스럽게 물었습니다.
"여기는 길이 아닌 것 같은데요."
원주민이 자신 있게 말했습니다.
"내가 길이에요! 나만 따라오면 돼요."
두 시간을 더 걸으니,
마침내 그가 말한 교회가 나타났습니다.
안도의 한숨을 내쉬는데 "내가 길이에요!" 하던
그의 말이 계속 귓가에 맴돌았습니다.

예수님은 말씀하십니다.
"내가 곧 길이요 진리요 생명이니!"
그런데 때로는 길 되신 예수님이 함께하셔도
고난과 풍파를 겪을 수 있습니다.

제자들도 그랬습니다.
제자들과 배에 오르시기 전, 예수님이 말씀하셨습니다.
"우리가 저편으로 건너가자 하시니" 막 4:35
그러나 큰 광풍이 일어나며 배에 물이 들어오자
제자들은 황급히 주무시는 예수님을 깨웁니다.
"우리가 죽게 된 것을 돌보지 아니하시나이까 하니" 막 4:38
그들은 예수님과 한배에 타고 있었지만
예수님이 누구신지 알지 못했습니다.

인생의 풍랑을 만날 때도
굳게 믿었던 구석이 무너질 때도 있습니다.
그러나 망망대해 한복판에서도 주님은 말씀하십니다.
"내가 곧 길이야! 나만 따라오면 돼!"
여전히 길 위에 계시는 예수님만 따라갈 때
광야에 길을, 사막에 강을 내시는 주님을 만나게 됩니다.
길 되신 예수님과 함께 걷는 길은 어디든지 안전합니다.

예수께서 이르시되 내가 곧 길이요 진리요 생명이니
나로 말미암지 않고는 아버지께로 올 자가 없느니라
요한복음 14장 6절

길 되신 예수님은 지금도
우리보다 앞서 우리 삶을 인도하고 계십니다.
어떤 풍랑이나 장애물을 만나도 "내가 길이야"라고 하시는
예수님만 따라가면 안전합니다.

예수님만이 나의 길이요 진리요 생명이십니다!

하나님 아버지,
어떤 문제의 파도가 나를 덮쳐와도
내 안에 여전히 함께하시는 예수님을 기억하며
함께 담대히 저편으로 건너가게 하옵소서.
광야에 길을, 사막에 강을 내시는 주님이
지금 내 안에 계십니다.
주님만이 나의 길이요 진리요 생명 되심을 믿습니다.
예수님의 이름으로 기도합니다. 아멘.

함께 걷는다는 것

어느 날 저녁, 무르익어가는 노을을 보며

아내와 동네 한 바퀴를 걸었습니다.

계절과 잘 어울리는 음악이 있어

이어폰을 한 쪽씩 나눠 끼고 음악을 들으며 거닐었습니다.

그런데 10분쯤 지났을까,

음악을 듣느라 서로 대화를 안 하고 있으려니

답답한 마음이 들었습니다.

결국 이어폰을 빼고 아내와 다시 대화를 시작했습니다.

그제야 비로소 '함께' 걷고 있다는 실감이 났습니다.

그러다 문득 제 안에 계시는 주님을 생각해보았습니다.

내 귀에 꽂힌 세상의 소리나 생각에만 몰두하느라

내 안에 계신 주님께 말 한마디 건네지 않고

하루를 흘려보내지 않았는지.

하염없이 앞만 보고 걸으며

내 안에 계신 주님을 너무 외롭게 하지 않았는지.

성경에는 예수님과 함께 걸은 두 제자가 나옵니다.

그들은 엠마오로 가던 길이었습니다.

예수님이 슬그머니 다가와 그들과 나란히 걷기 시작합니다.

예수님과 팔을 맞대며 아주 가까이서 동행했습니다.

하지만 그들은 옆에 계신 분이

예수님이라는 사실을 꿈에도 몰랐습니다.

자신들의 슬픈 기색과 복잡한 생각에 사로잡혀

정작 곁에 계신 예수님을 알아보지 못했던 것입니다.

그런 그들에게 예수님은 말씀을 풀어주십니다.

그들과 함께 앉아 떡을 들어 축복하시고 그들에게 주자

눈이 밝아져 비로소 예수님을 알아보았습니다.

"그들이 서로 말하되 길에서 우리에게 말씀하시고

우리에게 성경을 풀어주실 때에

우리 속에서 마음이 뜨겁지 아니하더냐 하고" 눅 24:32

동행은 단순히 같은 방향으로 걷는 것이 아닙니다.

내 귀를 가득 채운 세상의 이어폰을 잠시 빼고,

주님께서 풀어주시는 말씀을 듣는 것입니다.

오늘도 그분은 우리 안에 계십니다.

아주 사소한 이야깃거리도 나누길 원하십니다.

맑게 갠 하늘을 보며 "주님, 오늘 날씨가 참 좋네요"라는

소소한 말 한마디가 동행의 시작입니다.

주님과 눈을 맞추고 대화할 때,

비로소 우리의 삶은 주님과 마주 걷는 길이 되고,
우리의 하루는 하나님의 하루가 될 것입니다.

그들이 서로 말하되 길에서 우리에게 말씀하시고
우리에게 성경을 풀어주실 때에
우리 속에서 마음이 뜨겁지 아니하더냐 하고
누가복음 24장 32절

진정한 동행은 말씀에 귀 기울이며
마음을 나누는 교제입니다.
아주 사소한 일상까지도 나누기 시작할 때
우리의 하루는 하나님과 함께 걷는 특별한 여정이 됩니다.

나는 매일 주님과 즐겁게 교제하는 자입니다!

하나님 아버지,
내 안에 계시는 주님과
매일 교제하며 살아가기 원합니다.
내 안에 들려오는 주님의 음성에 귀 기울이며
주님의 뜻을 깨닫게 하옵소서.
오늘도 주님과 기쁨으로 동행하는
하나님의 하루가 되게 하옵소서.
예수님의 이름으로 기도합니다. 아멘.

나의 연약한 믿음을 도우십니다

어느 날 밤, 거실에서 TV 소리가 흘러나왔습니다.

둘째 아이가 혼자 축구 경기를 보고 있었습니다.

자정이 넘은 시간이었는데도

아이의 눈이 반짝이고 있었습니다.

"이제 자야지."

그러자 아이가 대답했습니다.

"아빠, 오늘은 이 선수가 골을 넣을 것 같아요."

"그래? 저번 경기에는 어땠는데?"

"그땐 못 넣었어요. 그래도 오늘은 넣을 것 같아요."

잠시 후, 거실에서 작은 탄성이 터졌습니다.

진짜 그 선수가 골을 넣은 것입니다.

의기양양한 표정으로 아이가 외쳤습니다.

"아빠, 거봐요! 제가 넣는다고 했잖아요!"

저번에 실패했어도, 오늘은 될 거라고 확신하는 저 믿음.

반짝이는 아이의 눈망울 앞에서 문득 생각해보게 됩니다.

'나에게도 저런 믿음이 있었던가.'

기도할 때 이만큼 하나님을 기대하고 있었는지,
혹시 응답보다 의심을 먼저 묵상하고 있지는 않았는지,
하나님 앞에서 망설였던 저의 연약함이 떠올랐습니다.

예수님을 찾아온 아이의 아버지도 그랬습니다.
그는 '할 수 있거든' 귀신 들린 내 아들을 고쳐달라고 간구합니다.
그러자 예수님은 가장 먼저 그의 말을 교정하십니다.
"예수께서 이르시되 할 수 있거든이 무슨 말이냐" 막 9:23
그러자 그는 즉시 말을 고칩니다.
"내가 믿나이다 나의 믿음 없는 것을 도와주소서" 막 9:24

이 고백이 참 귀합니다.
믿음이 완전해서가 아니라
흔들리는 마음 그대로 나아갔기 때문입니다.
주님은 믿음이 연약하다고 꾸짖지 않으십니다.
먼저 우리의 말을 고쳐주시고, 연약함을 붙들어주십니다.

온전히 믿어지지 않을 때도,
이렇게 고백할 수 있습니다.
"주님, 제가 믿습니다. 나의 연약한 믿음을 도와주세요."
이 고백 하나면 충분합니다.

주님은 그 고백을 들으시고,
우리를 강한 믿음으로 이끄실 것입니다.

곧 그 아이의 아버지가 소리를 질러 이르되
내가 믿나이다 나의 믿음 없는 것을 도와주소서 하더라
마가복음 9장 24절

믿음이 완전하지 않아도 주님은 꾸짖지 않으십니다.
"내가 믿나이다"라는 작은 고백과 함께 도우심을 구할 때
능치 못함이 없으신 하나님의 역사가 시작될 것입니다.

주님, 제가 믿습니다! 주님이 나의 믿음을 강하게 하십니다!

하나님 아버지,
나의 어떠한 모습도 꾸짖지 않으시고
연약함을 도와주시니 감사합니다.
믿음 없는 말을 버리고
믿음의 고백으로 나아갑니다.
나의 연약함을 도와주셔서
도우시는 성령님을 의지하여
믿음이 점점 자라나게 하옵소서.
예수님의 이름으로 기도합니다. 아멘.

Day 24

하나님의 때, 하나님의 방법

알래스카의 교회 건축을 앞두고 한참 기도를 모을 때였습니다.

대출은 막혔고, 재정은 턱없이 부족했습니다.

한 치 앞도 보이지 않던 불확실한 안개 속에서

거짓말처럼 한 청년이 찾아왔습니다.

청년은 건축 헌금 작정 카드에 무려 20만 달러를 적어 냈습니다.

도저히 믿기지 않는 액수였기에

조심스레 청년을 불러 다시 확인해야 할 정도였습니다.

불확실한 미래 앞에 너무나 분명한 응답처럼 보였습니다.

'드디어 하나님이 청년을 통해 응답하시는구나!'

가장 완벽하고 분명한 그림이었습니다.

하지만 그 기대는 한순간이었습니다.

그 청년은 다음 주에도, 그다음 주에도

끝내 나타나지 않았습니다.

그런데 그 후, 신기한 일이 시작되었습니다.

마지막 비장의 카드라고 믿었던 청년마저 사라지자

교인들은 오로지 하나님의 방법만을 구하기 시작했습니다.

이전보다 더 뜨거운 기도가 교회에 가득하게 되었습니다.

그리고 굳게 닫혔던 대출의 문이 기적처럼 열리며
가까스로 재정이 채워지게 되었습니다.
사람의 방법이 아닌, 하나님의 방법으로 이루신 역사였습니다.

회당장 야이로의 마음도 이와 같았습니다.
그는 죽어가는 딸을 보며
자신이 그린 밑그림을 예수님께 내밀었습니다.
"주님, 직접 오셔서 손을 얹어주시고, 딸이 구원받게 해주세요."
예수님은 흔쾌히 동행하셨지만,
길에서 혈루증 여인을 만나 지체하십니다.
시간이 늦춰질수록 야이로의 마음은 점점 불안해졌습니다.
눈앞에서 펼쳐지는 혈루증 여인의 기적을 보면서도
자신과는 상관없는 일이라고 느꼈는지도 모릅니다.
그러나 주님의 일하심은 멈추지 않았습니다.
오히려 가장 적절한 때를 향해 흐르고 있었습니다.
그리고 마침내, 예수님은 결국 그의 딸을 살려주셨습니다.
우리의 예상과 기대를 뛰어넘는
하나님의 초월적인 역사였습니다.

응답이 더딜 때,
우리 마음에는 조급함이라는 안개가 끼어듭니다.

현실의 벽이 높아질수록 믿음의 시야는 좁아집니다.
하지만 잊지 마십시오.
우리의 서툰 밑그림보다 완벽한
하나님의 큰 그림이 있습니다.
가장 적절한 하나님의 방법과 때가 반드시 있습니다.
가장 선한 길은 내가 원하는 대로 되는 길이 아닌,
하나님과 함께 걷는 길입니다.

간곡히 구하여 이르되 내 어린 딸이 죽게 되었사오니 오셔서
그 위에 손을 얹으사 그로 구원을 받아 살게 하소서 하거늘
마가복음 5장 23절

우리가 기대한 방식이나 원하는 때가 아닐지라도,
하나님은 가장 적절한 길을 예비하시고
모든 걸음 위에 함께하십니다.
지금도 주님은 우리의 좁은 시야를 넘어
더 크고 선한 그림을 그려가고 계십니다.

주님이 여전히 나와 함께하시기에 두려워하지 않습니다!

하나님 아버지,
내가 원하는 방법과 때가 아닐지라도
주님의 방법을 신뢰합니다.
하나님의 때와 방법을 제한하지 않겠습니다.
사람의 방법이 아닌 하나님의 방법으로
가장 좋은 때에 일하실 것을 믿습니다.
중간 결산하지 않고 끝까지 인내할 수 있도록 도와주옵소서.
예수님의 이름으로 기도합니다. 아멘.

Day 25

불가능의 언덕을 넘어가는 방법

아프리카 선교사 시절,
동료 선교사님 일행과 함께 집으로 돌아가는 길이었습니다.
그런데 갑자기 동료 선교사님의 차가 멈춰서더니
더 이상 움직이지 않았습니다.
언제 맹수가 나타날지, 강도가 들이닥칠지 모르는
위험천만한 길 위에서 발이 묶인 것입니다.

제 차에는 이미 원주민들이 타고 있어서
선교사님 일행을 태울 수 없었습니다.
그 근방에서 무언가 할 수 있는 방법도 없고,
저는 그저 간절한 마음으로 도우심을 구했습니다.
기도하다가 문득, 엉뚱한 생각이 떠올랐습니다.
트렁크 속에 굴러다니던 지푸라기가 생각난 것입니다.
'지푸라기라도 가지고 밧줄을 만들어볼까?'
말도 안 되는 일이었지만 기도하면서 주신 마음이니
일단 순종하기로 했습니다.
얇은 지푸라기를 한 올 한 올 꼬아 밧줄을 만들기 시작했고,
만들면서도 속으로는 간절히 기도했습니다.

‘하나님, 제가 가진 것은 이 보잘것없는 지푸라기뿐입니다.

하지만 주님 손에 붙들리면 이것이 생명줄이 될 줄 믿습니다.’

그렇게 선교사님 차와 제 차를 연결한 후

아슬아슬한 견인을 시작했습니다.

그런데 놀랍게도 그 연약한 지푸라기 밧줄이

끝내 끊어지지 않았습니다.

언덕을 오를 때마다 손에 땀을 쥐었지만

결국 마을까지 안전하게 도착할 수 있었습니다.

하나님 손에 붙들리면

지푸라기도 생명줄로 바뀌는 기적이 일어납니다.

가나의 혼인 잔치에서도

포도주가 떨어지는 위기를 맞이합니다.

그런데 예수님은 돌 항아리에 맹물을 채우라고 하셨습니다.

당장 포도주가 급한 이들에게

아무런 도움이 안 될 것 같은 무력한 방법이었습니다.

하지만 하인들은 말씀대로 순종하여 물을 날랐고,

물이 변하여 포도주가 되는 기적을 보게 됩니다.

우리는 흔히 내가 생각한 방법이 최선의 길이라고 확신합니다.

그래서 우리의 기대와 다른 지푸라기나 맹물에 낙심합니다.

그러나 나의 연약함을 주님 손에 맡겨드리고
주님의 방식과 방법대로 따라갈 때
연약함을 통하여 일하시는 하나님의 강하심을 보게 됩니다.

주님 손에 붙들린 인생은 절대 끊어지지 않습니다.
세상에서 가장 강력한 사랑의 줄이
오늘도 우리를 이끌고 계십니다.

연회장은 물로 된 포도주를 맛보고도 어디서 났는지 알지 못하되
물 떠온 하인들은 알더라 연회장이 신랑을 불러
요한복음 2장 9절

보잘것없는 것도 주님 손에 붙들리면 기적의 도구가 됩니다.
내 생각을 내려놓고 말씀에 순종할 때
한계를 뛰어넘어 일하시는 하나님의 역사를 보게 될 것입니다.

나의 연약함을 통해 일하시는 하나님을 신뢰합니다!

하나님 아버지,
나의 뜻과 하나님의 방법이 다를 때
주님의 뜻에 나의 생각을 맞추겠습니다.
나를 향하신 하나님의 계획이 있음을 믿습니다.
하나님의 뜻을 온전히 신뢰하고 나아가
동행 끝에 이루실 하나님의 승리를 보게 하옵소서.
예수님의 이름으로 기도합니다. 아멘.

동행하는 것만으로도

몸과 마음이 기진맥진한 어느 저녁이었습니다.

퇴근 짐을 챙기며 나직이 주님께 말을 건넸습니다.

"주님, 저 좀 위로해주세요.

큰 위로가 아니어도 괜찮아요. 작은 위로라도요…."

그때 누군가 목양실 문을 두드렸습니다.

문을 열자 인자한 미소의 권사님 한 분이 서 계셨습니다.

"목사님, 별건 아닌데요. 그냥 목사님께 드리고 싶어서요."

권사님이 내민 가방 안에는 치약 두 개가 담겨 있었습니다.

그 순간, 아침에 있었던 일이 떠올랐습니다.

사실 그날 아침, 집을 나서며 아내가 부탁했던 말이 있었습니다.

"올 때 치약 좀 사다주세요."

퇴근길에 사 가려던 치약이

선물처럼 제 손에 쥐어진 것이었습니다.

권사님을 배웅하고 다시 자리에 앉았는데,

갑자기 코끝이 시큰거렸습니다.

깊은 곳에서 주님이 이렇게 말씀하시는 것 같았습니다.

"사랑하는 아들아, 나는 네 작은 신음도 다 듣고 있단다."

예수님이 병자들을 고치신 것은
대부분 그들이 먼저 찾아왔을 때였습니다.
그런데 예수님이 먼저 발걸음을 옮기신 이가 있습니다.
바로 베드로의 장모였습니다.

베드로가 주님께 간구한 것도 아니었습니다.
그는 그저 예수님과 함께 먹고, 함께 길을 걷는
동행의 자리를 지켰을 뿐입니다.
하지만 예수님은 베드로의 형편과 가족의 아픔까지 이미 아시고,
구하지 않은 필요까지 먼저 채워주신 것입니다.

우리는 흔히 큰 문제가 생겨야만 주님을 찾곤 합니다.
하지만 동행은 특정한 시즌이나 결단이 아닌, 일상입니다.
그저 주님과 함께 먹고 마시며 살아가는 것만으로도
주님은 구하지 않은 필요까지 채우십니다.

요즘 저는 일상의 틈마다 소소한 이야기를 주님과 나눕니다.
길을 걷다가도, 사역을 하다가도, 문득 멈춰 서서
"주님" 하고 그분의 이름을 불러봅니다.
대단한 기도 제목이 없어도 괜찮습니다.
그저 주님 이름을 부르는 것만으로도

마음 구석구석 주님의 사랑이 밀물처럼 차오르는 것을 느낍니다.

시몬의 장모가 열병으로 누워 있는지라
사람들이 곧 그 여자에 대하여 예수께 여짜온대
나아가사 그 손을 잡아 일으키시니
열병이 떠나고 여자가 그들에게 수종드니라
마가복음 1장 30-31절

베드로가 주님과 동행한 것만으로도 장모가 치유 받았듯,
주님과 동행할 때 우리가 구하지 않은 필요까지도 채우십니다.
아주 사소한 일상의 조각까지도 주님과 나누며 걸어갈 때
하나님의 세밀한 돌보심 안에 거하게 됩니다.

나는 주님과 동행하는 자입니다!

하나님 아버지,
어제보다 오늘 더 주님과 동행하기 원합니다.
베드로의 장모를 직접 찾아가 고쳐주신 것처럼
하나님과 매일 교제할 때 나의 삶을 돌보아주심을 믿습니다.
주님과의 대화 횟수와 시간을 더욱 늘려나가겠습니다.
나와 동행하기 원하시는 하나님의 마음을 더 알게 하옵소서.
예수님의 이름으로 기도합니다. 아멘.

사랑은 계산하지 않습니다

지금도 잊을 수 없는 예배가 있습니다.

군대에서 주일예배에 가려다가

선임에게 단체로 기합을 받게 되었습니다.

기합은 예배 시간이 한참 지나도록

끝날 기미가 보이지 않았습니다.

30분이 지나서야 간신히 풀려나

곧장 예배당으로 전력을 다해 뛰었습니다.

예배당에 도착했을 때 설교는 이미 끝난 뒤였습니다.

숨을 몰아쉬며 의자에 앉는데, 마지막 폐회송이 흘렀습니다.

"눈을 들어 산을 보니 도움 어디서 오나…"

하필 2절까지밖에 없는 짧은 찬송가였습니다.

속상한 마음에 나도 모르게 눈물이 핑 돌았습니다.

"주님, 더 찬양하고 싶어요. 더 높여드리고 싶어요."

남은 한 절을 울먹이며 부르는데,

마음 깊은 곳에서 주님의 세미한 음성이 들리는 것 같았습니다.

"상훈아, 네가 지금처럼 사모하고 갈망하면

네 평생 너를 지켜주리라."

사랑하면 더 드리고 싶어집니다.
죽었던 오라버니 나사로가 살아난 후 그의 동생 마리아는
예수님 앞에 옥합을 깨뜨리고 머리에 붓습니다.

마리아에게는 계산이 없었습니다.
'몇 방울만 드리면 되지 않을까?'
'사람들이 뭐라고 하지는 않을까?'
그저 자신과 가족에게 베풀어주신 은혜가 너무 커서
사랑하는 주님께 자신의 전부를 깨뜨려 드린 것입니다.

우리는 마리아보다 더 큰 은혜를 입은 자들입니다.
나 한 사람뿐만 아니라 사랑하는 가족들까지
살리시고 구원해주셨습니다.
비록 마리아처럼 값비싼 향유를 준비하지 못해도,
드려도 드려도 아쉬운 마음으로 나아갈 때
사랑의 감격이 우리 안에 더욱 충만해집니다.

사랑하면 계산하지 않게 됩니다.
더 많이 기도하고 싶어지고,
더 자주 표현하고 싶어지고,
더 오래 찬양하고 싶어집니다.

주님 아니면 살 수 없다는 고백,
표현하지 않으면 견딜 수 없다는 고백.
이 고백이 주님이 가장 기뻐 받으시는
우리의 향유 옥합입니다.

마리아는 지극히 비싼 향유 곧 순전한 나드 한 근을 가져다가
예수의 발에 붓고 자기 머리털로 그의 발을 닦으니
향유 냄새가 집에 가득하더라
요한복음 12장 3절

사랑은 모든 계산을 밀어내고 전부를 드리게 합니다.
마리아가 자신의 전부를 드렸듯이,
주님을 향한 사랑을 아낌없이 표현할 때
주님이 기뻐하시는 향기로 기억될 것입니다.

사랑하는 주님 앞에 다 드려도 아깝지 않습니다!

하나님 아버지,
물과 피를 다 쏟으사 나를 사랑하신 것처럼
내 삶의 전부를 다해 주님을 사랑하기 원합니다.
밤낮 찬송을 불러도 아쉬운 마음으로
주를 향한 사랑 고백을 올려드립니다.
계산하지 않는 사랑으로 주님 앞에 머물러
더 많은 찬양과 기도를 올려드리게 하옵소서.
예수님의 이름으로 기도합니다. 아멘.

이미 이기셨느니라

케냐의 어느 작은 학교에서
졸업 발표회가 열리던 날이었습니다.
태권도 격파 시범을 맡은 한 아이가
유독 겁에 질린 표정으로 서 있었습니다.
아이는 차마 발을 내지르지 못한 채
허공에서 발만 휘저으며 망설이고 있었습니다.
저는 아이 곁으로 다가가 속삭였습니다.
"걱정하지 말고 일단 해봐. 아프지 않을 거야."

사실 발표회 전날 밤
선생님들이 모여 미리 송판에 칼집을 내두었습니다.
살짝만 건드려도 힘없이 부서지도록 말입니다.
하지만 아이는 흔들리는 눈동자로
송판만 쳐다볼 뿐이었습니다.
결국 발차기 한 번 제대로 해보지 못하고 힘없이 돌아섰습니다.
갈라진 송판 앞에 선 이 아이처럼
우리는 매일 현실이라는 벽 앞에 섭니다.
십자가로 이미 승리하신 예수님을 잊은 채

마치 이 거대한 싸움을 나 혼자 감당해야 하는 것처럼
외로운 사투를 벌이곤 합니다.
그러나 우리 앞의 고난은 이미 갈라진 송판과 다름없습니다.
십차가 위에서 예수님은 모든 어둠의 권세를 무너뜨리셨습니다.
"통치자들과 권세들을 무력화하여 드러내어
구경거리로 삼으시고 십자가로 그들을 이기셨느니라" 골 2:15

우리가 그토록 간절히 구하는 자녀의 축복도,
무너진 관계의 회복도, 육신의 치유도
실은 십자가에서 이미 완성된 이야기입니다.

하나님은 우리에게 무엇이 필요한지 이미 아시고
응답할 준비를 마쳐두셨습니다.
갈라진 송판 앞에서 주저할 이유가 없듯,
이미 끝난 싸움 앞에서 두려워할 필요가 없습니다.
우리의 발끝만 스쳐도,
현실의 벽은 힘없이 무너져 내릴 것입니다.
예수님은 앞으로 이기실 분이 아니라
이미 이기신 분입니다.
하나님의 자녀는 승리를 기다리는 사람이 아니라
이미 승리를 본 사람입니다.

통치자들과 권세들을 무력화하여 드러내어

구경거리로 삼으시고 십자가로 그들을 이기셨느니라

골로새서 2장 15절

십자가에서 모든 어둠의 권세를 이기신 예수님은

우리의 모든 회복과 축복까지도 이미 완성해놓으셨습니다.

하나님의 자녀는 주님이 완성하신 승리를 누리는 자입니다.

예수님의 승리가 나의 승리입니다! 나는 승리를 이미 본 자입니다!

하나님 아버지,
십자가에서 사탄의 권세를 이기시고
내 삶에도 승리를 주시니 감사합니다.
나는 승리를 기다리는 자가 아니라 승리를 본 자입니다.
의심을 거절하고
승리하신 예수님만 100퍼센트 믿고 나아가겠습니다.
이미 승리한 자의 태도와 마음으로 살아가게 하옵소서.
예수님의 이름으로 기도합니다. 아멘.

Day 29

매일 아침 입는 예수님의 옷

첫째 아이에게 멋진 옷 한 벌을 선물해주었습니다.
아이도 마음에 들어 하며 옷걸이에 정성스레 걸어서
옷장에 고이 넣어두었습니다.
그런데 다음 날, 학교에 가는 아이를 보니
새 옷을 입지 않았습니다. 이틀 뒤, 사흘 뒤에도
새 옷은 옷장에 그대로 걸려 있었습니다.
기다리다 못해 아이에게 물었습니다.
"얘야, 혹시 그 새 옷은 언제 입으려고 하니?"
그제야 아이는 "맞다!" 하고 소리를 지르며 방으로
뛰어 들어갔습니다.
옷장 깊숙이 잘 걸어둔 새 옷의 존재를
까맣게 잊고 있었던 것입니다.

아이가 가장 좋은 옷,
새 옷을 입기 바라는 것이 부모의 마음입니다.
하나님 아버지의 마음도 이와 같습니다.
하나님은 우리에게
세상에서 가장 귀한 새 옷을 선물해주셨습니다.

바로 '그리스도의 옷'입니다.

학생이 교복을 입으면

도서관을 이용하고, 기숙사에도 머무를 수 있습니다.

예수님의 옷을 입은 우리에게도 놀라운 특권이 주어졌습니다.

예수님이 이루신 승리가 나의 것이 되고

예수님이 회복하신 권세가 우리 삶에 위임된 것입니다.

문제는 아무리 좋은 옷도 입지 않으면 소용이 없습니다.

이미 내가 예수님의 옷을 입었음을

삶의 현장에서 날마다 확인하고 고백할 때

예수님의 성품과 능력이 우리 삶에 비로소 드러나기 시작합니다.

그래서 저는 매일 아침 옷을 입을 때, 이렇게 선포합니다.

"나는 그리스도로 옷 입었습니다!"

의식적으로 예수님의 옷을 챙겨입으면

하루의 출발선이 달라집니다.

마음 상하는 일이 불쑥 찾아오고

감당하기 버거운 문제가 앞길을 가로막아도

내 안에 계신 예수님을 금세 기억해낼 수 있기 때문입니다.

'맞아, 예수님이 지금도 나와 함께 계시지.'

'나는 실패자가 아니라 승리하신 예수님의 옷을 입은 승리자야.'

하나님이 선물하신 예수님의 옷을 이제 옷장에서 꺼내십시오.
그리고 당당히 문을 열고 나가십시오.
우리의 표정과 말, 그리고 작은 행동 하나하나를 통해
예수님의 성품과 능력이 아름답게 드러날 것입니다.

누구든지 그리스도와 합하기 위하여 세례를 받은 자는
그리스도로 옷 입었느니라
갈라디아서 3장 27절

예수님의 옷을 입는다는 것은
내 안에 이미 주어진 예수님의 권세와
능력을 삶의 현장에서 고백하는 것입니다.
매일 아침 그리스도로 옷 입었음을 선포할 때
예수님이 이루신 승리를 누릴 수 있습니다.

· 고백하기 ·

나는 그리스도로 옷 입었습니다!

· 기도하기 ·

하나님 아버지,
세상에서 가장 값진 그리스도의 옷을
나에게 선물해주시니 감사합니다.
나는 그리스도로 옷 입었습니다.
능력의 옷을 입고 세상으로 담대히 나아가겠습니다.
어떤 상황에서도 내가 입은 옷을 바라보며
그 안에 담긴 형통과 승리를 누리는 자가 되게 하옵소서.
예수님의 이름으로 기도합니다. 아멘.

Day 30

새롭게 써 내려가는 빛의 족보

나의 족보를 들여다본 적이 있나요?
내가 어디로부터 왔는지,
나의 뿌리가 어느 집안과 닿아 있는지 거슬러 올라가다보면
괜히 가슴이 두근거리곤 합니다.
혹여 오래된 이름들 사이에서 위인 한 명이라도 발견하게 되면,
움츠렸던 어깨가 은근히 펴지기도 합니다.

그런데 만왕의 왕이신 예수님의 족보를 펼쳐보면
고개가 갸웃해집니다.
그 찬란한 혈통 안에는 화려한 이름들 대신,
수치스럽고 어두운 이름들이 적혀 있기 때문입니다.

유다를 속였던 며느리 다말
이스라엘 역사상 가장 악했던 왕 므낫세
우리야의 아내 밧세바까지
예수님의 족보에는 인간의 어둠과 슬픔,
비극과 수치가 고스란히 담겨 있습니다.
예수님이 오신 자리도 그랬습니다.

196

초라한 이스라엘의 변방 베들레헴,

냄새나는 외양간,

짐승의 먹이통.

가장 낮고 어두운 자리에

하나님의 독생자가 누우셨습니다.

어쩌면 그것이 예수님이 사랑하신 방식이었습니다.

가장 빛나는 곳이 아니라, 가장 어두운 곳을 찾아오시는 것.

수치와 실패가 겹겹이 쌓인 역사의 한복판으로

기꺼이 걸어 들어오시는 것.

"영접하는 자 곧 그 이름을 믿는 자들에게는

하나님의 자녀가 되는 권세를 주셨으니" 요 1:12

우리가 예수님을 영접하는 순간,

경이로운 반전이 일어납니다.

주님은 어둠의 족보를 빛의 족보로 바꾸어놓으십니다.

결코 지울 수 없을 것 같은 얼룩과 수치들이

하나님의 손 안에서 전혀 다른 이야기로 다시 쓰입니다.

예수님이 임하시는 그 자리가

곧 빛의 역사의 출발점이 됩니다.

예수님의 족보는 멈추지 않았습니다.
하나님의 구원의 역사는 지금도 계속되고 있습니다.
그리고 빛의 족보 끝자락에는,
오늘 주님과 손잡고 걸어가는 우리의 이름이
선명히 적혀 있습니다.
이제 우리의 삶은 주님이 직접 써 내려가시는
세상에서 가장 아름다운 족보가 될 것입니다.

나는 빛으로 세상에 왔나니
무릇 나를 믿는 자로 어둠에 거하지 않게 하려 함이로라
요한복음 12장 46절

수치와 어둠이 깃든 족보일지라도
예수님이 임하시는 순간,
모든 역사는 찬란한 빛의 계보로 새롭게 다시 쓰입니다.
우리가 예수님을 영접하는 순간,
빛의 족보로 바뀌며
빛의 역사를 써 내려가게 됩니다.

내 삶에 예수님이 오심으로, 빛의 족보가 쓰여지고 있습니다!

하나님 아버지,
지난날의 상처와 아픔을 뚫고
내 인생의 족보, 삶의 여정에 들어와주시니 감사합니다.
예수님이 거하시면 어디든지
축복의 근원지가 되는 줄 믿습니다.
아직 끝나지 않은 예수님의 빛의 족보를 이어
내 삶에서도 빛나는 하나님의 스토리를 써 내려가게 하옵소서.
예수님의 이름으로 기도합니다. 아멘.

한 달의 동행이
영원한 동행으로 이어지기를

예수님과 함께한 한 달

지난 한 달간, 예수님은 단 하루도 우리 곁을 떠나지 않으셨습니다. 설레는 마음으로 말씀 앞에 앉았던 아침에도, 선포문을 읽으며 잘 믿어지지 않던 날에도, 혹은 묵상이 마음에 닿지 않아 그냥 책을 덮어버린 날에도, 예수님은 늘 그 자리에 계셨습니다. 이 한 달은 우리가 예수님을 찾아간 시간이기도 하지만, 주님이 먼저 우리 곁에 머물며 기다려주신 사랑의 시간이었습니다.

한 치 앞을 모르는 인생일지라도 우리는 하나님 손에 붙들린 존재입니다. 아들까지 아끼지 않고 내어주신 그 사랑은 지금 이 순간에도 우리를 눈동자처럼 지키고 계십니다. 보혈의 은혜로 우리는 보석 같은 정체성을 얻었고, 예수님의 승리와 권세가 우리에게도 위임되었습니다. 우리가 내딛는 모든 걸음은 예수님과 함께하는 능력의 여정이 될 것입니다.

매일의 작은 선택이 만드는 기적

다윗은 항상 주님을 자기 앞에 모신다고 고백했습니다.

내가 여호와를 항상 내 앞에 모심이여 그가 나의 오른쪽에 계시므로
내가 흔들리지 아니하리로다 시편 16:8

하나님 마음에 합했던 그의 영성은 거창한 업적이 아니라, 매일 주님을 앞에 모시는 선택에서 시작되었습니다. 스스로 여호와를 모시는 것을 선택했을 때, 하나님의 기쁨으로 충만하게 되고, 수많은 고난과 역경을 돌파할 힘이 부어지게 됩니다.

우리 역시 지난 한 달 동안 이와 같은 연습을 해왔습니다. 말씀을 음미하고, 믿음으로 선포하며, 기도문으로 하루를 여닫는 루틴을 다져왔습니다. 넘어지는 날이 있었고, 잘 믿어지지 않는 날이 있었어도 괜찮습니다. 다시 묵상의 자리로 돌아오려 했던 우리의 작은 의지와 서툰 선포를 주님은 모두 기억하십니다. 한 달의 선포와 기도들이 쌓여 반드시 열매를 맺게 될 것입니다.

충분히 준비된 당신에게

'예수님과 한 달 살기'는 당신에게 어떤 시간이었습니까? 한

달 살기를 꿈꾸는 것처럼, 지난 여정이 당신에게도 진짜 쉼이 되었기를 소망합니다. 일상으로부터의 도피나 떠남이 아니라, 예수님 안에서 충분히 충전되어 다시 일상 앞에 설 수 있는 힘 말입니다.

이제 책장을 덮고 일상으로 돌아가는 당신의 발걸음은 한 달 전과는 분명 다를 것입니다. 혹시 한 달의 감동이 사라질까봐, 다시 제자리로 돌아갈까봐 걱정되시나요?

그러나 한 가지만 기억하십시오. 예수님은 한 달짜리 체험으로 끝나는 분이 아닙니다. 예수님과 한 달 살기는 끝이 아니라 이제 시작입니다.

책을 덮어도 그 안에서 만난 말씀은 우리 안에 여전히 살아 있습니다. 말씀이 사라지지 않듯, 기도도 사라지지 않습니다. 한 달 동안 우리 안에 심겨진 생명의 말씀은 우리도 모르게 삶을 조금씩 바꾸어 나갈 것입니다. 죽기까지 우리를 사랑하신 예수님이 오늘도 우리 곁에서 나란히 걷고 계십니다.

이제 새로운 출발을 향해 나아가십시오. 우리는 충분히 충전되었고, 충분히 사랑받았으며, 충분히 준비되었습니다. 한 달의 동행이 영원한 동행으로 이어지기를 기도합니다. 이 길의 끝에서 두 팔 벌려 우리를 기다리시는 예수님을 바라보며 이제 출발합시다.

당신의 일상에서 새롭게 쓰여질 행복한 스토리를 기대합니다.
우리는 오직 하나님의 사랑만으로 충분한 존재입니다.

1. 책의 구성 및 대상

《예수님과 한 달 살기》는 예수님과의 동행 여정을 일상의 언어로 담아낸 에세이입니다. 크게 '정체성과 부르심', '회개와 용서', '동행과 승리'의 주제로 이루어져 있습니다. 초신자에게 적합하며 개인 큐티나 공동체 교재로 활용하기 좋습니다.

2. 규칙적인 시간과 장소 정하기

Day 1부터 순서대로 시작하며, 하루 10-20분이면 충분합니다. 아침이나 저녁 등 집중할 수 있는 나만의 고정된 시간과 장소를 마련하면 좋습니다. 하루이틀 놓치더라도, 다음 날부터 차근차근 이어가면 됩니다. 진도를 나가는 것보다 중요한 것은 다시 동행의 자리로 돌아오는 마음입니다.

3. 묵상하기

① 시작 기도

성령님의 도우심을 구하며 마음을 여는 시간입니다. 기도가 익숙하지 않다면 아래 기도문을 소리 내어 읽는 것만으로도 충분합니다.

하나님 아버지.
나를 말씀의 자리로 초대해주시니 감사합니다.
이 시간 내 마음의 문을 열고 성령님을 초청합니다.
주님의 임재를 사모합니다.
내 안에 계시는 예수님 말씀을 통해 나를 만나주옵소서.
예수님의 이름으로 기도합니다. 아멘.

② 정독하기

속도보다 깊이에 집중해서 읽으며, 기억에 남는 문장에 밑줄을 긋거나 여백에 짧은 고백을 남겨봅니다. 한 문장이라도 직접 적어볼 때 말씀이 더욱 깊이 각인됩니다.

③ 고백하기

선포문은 반드시 입술을 열어 소리 내어 읽으시기 바랍니다. 적어도 세 번 이상 반복하여 읽되, 마음으로 동의될 때까지 충분히 선포하는 것이 좋습니다. 하루 중 수시로 되뇌는 것도 도움이 됩니다.

④ 기도하기

마지막으로 수록된 기도문을 읽으며 묵상을 마무리합니다. 감사의 고백 속에 오늘 하루를 살아갈 결단을 담아 하나님께 올려드리는 시간입니다.

예수님과 한 달 살기

초판 1쇄 발행	2026년 4월 24일
초판 2쇄 발행	2026년 4월 28일
지은이	최상훈
펴낸이	여진구
책임편집	안수경 김도연
편집	이영주 진효지 최현수 구주은 김아진 배예담
책임디자인	조은혜 마영애 | 정은혜 노지현
마케팅	김상순 강성민
마케팅지원	최영배 정나영
제작	조영석 허병용
경영지원	김혜경 김경희 김영하

303비전성경암송학교 유니게 과정
이슬비전도학교 / 303비전성경암송학교 / 303비전꿈나무장학회

펴낸곳	(주)규장갓피플

주소 06770 서울시 서초구 매헌로 16길 20(양재2동) 규장선교센터
전화 02)578-0003   팩스 02)578-7332
이메일 kyujang0691@gmail.com
페이스북 facebook.com/kyujangbook
카카오스토리 story.kakao.com/kyujangbook
등록번호 제2026-000001호
since 1978.08.14

홈페이지 www.kyujang.com
인스타그램 instagram.com/kyujang_com

책값 뒤표지에 있습니다.
ISBN 979-11-6504-712-2 03230

규 | 장 | 수 | 칙

1. 기도로 기획하고 기도로 제작한다.
2. 오직 그리스도의 성품을 사모하는 독자가 원하고 필요로 하는 책만을 출판한다.
3. 한 활자 한 문장에 온 정성을 쏟는다.
4. 성실과 정확을 생명으로 삼고 일한다.
5. 긍정적이며 적극적인 신앙과 신행일치에의 안내자의 사명을 다한다.
6. 충고와 조언을 항상 감사로 경청한다.
7. 지상목표는 문서선교에 있다.

하나님을 사랑하는 자 곧 그의 뜻대로 부르심을 입은 자들에게는 모든 것이 合力하여 善을 이루느니라(롬 8:28)

규장은 문서를 통해 복음전파와 신앙교육에 주력하는 국제적 출판사들의 협의체인 복음주의출판협회(E.C.P.A:Evangelical Christian Publishers Association)의 출판정신에 동참하는 회원(Associate Member)입니다.